hola

delicioso

delicioso

una colección de mis recetas favoritas
con sabor latino

ingrid hoffmann

con raquel pelzel

Vintage Español
Una división de Random House, Inc.
Nueva York

PRIMERA EDICIÓN VINTAGE ESPAÑOL, NOVIEMBRE 2008

Biblioteca del Congreso de los Estados Unidos
Información de catalogación de publicaciones
Hoffmann, Ingrid.
[Simply delicioso. Spanish]
Delicioso : una colección de mis recetas favoritas con sabor latino / by Ingrid Hoffmann con Raquel Pelzel.
p.   cm.
1. Cookery, Latin American.
TX716.A1H6217   2008
641.598—dc22   2008006107

Vintage ISBN: 978-0-307-39085-1

Traducción de Omar Amador
Diseño del libro de Elizabeth Van Itallie

www.grupodelectura.com

Impreso en Hong Kong
10 9 8 7 6 5 4 3 2 1

Para Mami, Papi, Johanna, Annelies, Jossy, Franco,
Diego, Joshua y Tía Marlene.
Sin ustedes, la vida no tendría el mismo sabor.

En memoria de mis abuelos, Hani, Tita, Tata y Titita,
y Tía Chela y Yeyo. Tantas de las recetas de este libro
me recuerdan a ustedes.

contenido

prólogo

Me considero una comilona profesional y no hay nada en este mundo que me guste más que la comida. Vivo para comer y cocino comida auténtica, común y corriente —comida que nos da antojos y ganas de comer, comida que, sencillamente, sabe rica. Para mí, "simple" significa "simplemente delicioso", y así es como me planteo cada una de las recetas de este libro. Nada me produce más placer que cocinar y compartir comida y mesa con amigos y familiares, y quiero animarte a que hagas lo mismo.

Trato de equilibrar mis dos vidas: mi alocada vida profesional y mi aún más alocada vida personal. Ya sabes, ver a mi familia y a mis amigos y, lo más importante, ¡pasarla bien, amar y vivir! Dios sabe cuán difícil puede ser barajarlo todo —y lo menos que quiero es acabar esclavizada en la cocina. Es decir, si no te diviertes cocinando y si el resultado final no te satisface por completo, ¿para qué hacerlo? Así es como pienso, y si yo puedo lograrlo al tiempo que cocino platos sabrosos y gratificantes, tú también puedes.

La mayoría de los ingredientes que uso son muy conocidos, aunque he incluido aquí y allá algunas sorpresas que tengo mucho interés en que conozcas. Créeme, por alguna razón las añadí a ciertas recetas. Si permites que te lleve por este viaje de descubrimiento, prometo presentarte algunos sabores realmente deliciosos. Aquellos lectores que ya estén familiarizados con los ajíes, los mojos y los adobos de la cocina latina, aprenderán entonces algunos consejitos deliciosos, trucos y simplificaciones (y sí, hasta algunas recetas nuevas también). En resumen: por mucho que sepas de comida latina, con este libro te vas a divertir.

Yo crecí en la cocina de mi mamá, una chef entrenada en el Instituto Cordon Bleu, dueña de un restaurante y dueña también de un servicio de comidas y bebidas para fiestas, cuya pasión por la comida era absolutamente contagiosa. Sin duda que mis influencias culinarias y mi estilo rebelde fueron formados por su creatividad, y también por los muchos y diversos continentes donde he tenido la suerte de vivir. Al conocerme, verás que soy una especie de "mezcla", ya que he vivido entre la cultura latinoamericana y la estadounidense en Estados Unidos, el Caribe, Colombia y otros países. Ahora vivo en Miami, mi hogar desde hace diecisiete años. La forma en que cocino es como si fuera un romance entre estas dos culturas, a menudo salpicada con un hogareño toque latino-americano y una pizca de elegancia estadounidense. Mi vida es *spanglish* en todos los sentidos, y he aceptado estos dos aspectos de mi personalidad. De modo que cuando se trata de comida, te aseguro que para mí no hay nada como mezclar hamburguesas con frijoles.

Yo no sigo un manual para cocinar —ni tampoco para hacer el amor—, ¡y créeme que cocinar es una tarea de amor! Recuerda el dicho: "el amor entra por la cocina". Si cocinas con el alma, nunca te equivocarás.

Usar técnicas y fórmulas se parece demasiado a una clase de cálculo y álgebra de la secundaria, algo que ya me atormentaba bastante en aquella época, así que ¡no necesito pasar por eso de nuevo! Los libros de cocina deben brindarte diversión, aventura e inspiración. Toma de mis recetas lo que desees y haz tu propia creación multicultural. Resulta divertido romper las reglas. ¡Prueba y verás!

Cuando era pequeña, solía poner un banquito junto a la estufa para encaramarme en él, alcanzar las hornillas y cocinar algún mejunje extraño. Curiosamente, en el primer escenario de mis programas de televisión tuve que subirme a una plataforma debido a que la mesa de preparación de recetas era demasiado alta. ¡Qué gracioso cómo algunas cosas nunca cambian! Desde que comencé a interesarme por la cocina, mi familia me estimulaba, diciéndome que les encantaban mis creaciones. Pero en el fondo de mi corazón, sé que les preocupaba que yo me pusiera a cocinar cuando estaba sola en casa ¡y quemara todo! Por suerte para todos, jamás incendié la casa —aunque sé que cociné en secreto en muchas ocasiones, cuando nadie me vigilaba.

Siempre he sido una rebelde en la cocina. ¿Y qué? ¿Quién va a llevarme presa? ¿La policía culinaria? La libertad en la cocina me ha ayudado a crear muchas de las recetas de este libro, como mi Aderezo *hello kitty* (ver pág. 69), hecho con leche condensada, vinagre y fresas. Sé que suena raro, pero pruébalo (y no te preocupes, ¡no hay ninguna receta de Salsa Snoopy!).

Mis dos hermanas, Johanna y Annelies, eran de poco apetito, y mi madre no quiso tener que pasar de nuevo por toda esa tragedia de la comida conmigo, la tercera hija y la más pequeña de la familia. Así que buscó ayuda con la autoridad favorita sobre niños (por lo menos en aquella época), el Dr. Spock, y siguió su consejo sobre cómo lograr que a tu hijo le guste la comida y coma bien. Oye, ¡qué bien funcionó! No sólo crecí con un gran amor por la comida, sino que también se convirtió en mi obsesión.

No sé si el Dr. Spock me echó una maldición o una bendición con este amor por la comida que me ha durado toda la vida. Lo que sí sé es que este libro me ha ofrecido un medio para compartir mi pasión por la comida simplemente deliciosa. Escribirlo fue como verter mi hambre sobre el teclado. Estos platos son mis tesoros. Son lo que como cuando estoy enamorada y cuando no tengo compañero sentimental, cuando estoy contenta y cuando estoy triste, cuando me siento cansada o cuando extraño mi casa. Después de todo, ¿quién dijo que para comer había que tener hambre?

Cada receta me hace recordar ciertos momentos de mi vida. Igual que una canción —pero en vez de rememorar al escuchar una letra, cuando pruebo un plato recuerdo una historia, un lugar o una persona. Todas las recetas —ya sean de mi programa de televisión *Simply Delicioso*, de mis columnas en *Buenhogar* o *Rumbo*, de Rocca, mi antiguo restaurante, o de mi mamá— tienen en común que son un enfoque práctico y realista de la comida.

Por supuesto, también me gusta ser tradicional… ¡cuando conviene serlo! He incluido algunas de mis versiones favoritas de platos típicos latinoamericanos, así como interpretaciones más condimentadas de clásicos no latinos. Te aseguro que estas recetas no sólo son muy ricas, sino que también funcionan muy bien. Yo preparo estas mismas comidas para cenas con mi familia y mis amigos —y para esas ocasiones tan preciadas no cocino cualquier cosa. Todo lo que hay en este libro ha sido cocinado con amor y pasión, de mi corazón y mi cocina a tu cocina. Sentarse a la mesa, compartir el pan, comer en compañía y reír —para mí, ésa es la vida. La familia que come junta, se mantiene junta. Y así comienza esta historia de comida, sabor y vida. Recuerda: si yo puedo hacerlo, tú también puedes.

Con cariño y agradecimiento,

Ingrid

Mi despensa es una mezcolanza de ingredientes latinos caribeños, americanos y asiáticos. La mayor parte de las recetas de este libro llevan ingredientes sencillos que se pueden encontrar en el mercado. Mientras viajo por el país y descubro nuevos mercados y bodegas latinas, iré añadiendo esa información a mi sitio web, así que visítalo a menudo para que veas la lista más reciente y actualizada. Los pocos minutos que te demorarás en buscar estos ingredientes excepcionales te permitirán descubrir un mundo delicioso de nuevos sabores. Para ingredientes latinos especializados, como masa de arepas, quesos latinos, frutas tropicales en conserva y condimentos latinos, busca en mi sitio web (www.delicioso.com) una lista de mis tiendas favoritas especializadas en comidas, catálogos de comidas y vendedores en línea preferidos.

la despensa deliciosa

He aquí los ingredientes que considero indispensables:

queso

Cotija. También conocido como queso añejado, viene en bloques o ruedas sólidas y es excelente para desmenuzarse sobre maíz, vegetales, ensaladas y sobre casi cualquier comida. ¿Hay algo que no quede bien con queso?

Oaxaca. ¡Ay, qué rico! Este queso se te derrite en la boca. A veces se conoce como asadero. Se vende en discos o bolas, y tiene una textura parecida a las del *Monterey Jack* o el *mozzarella*. Pruébalo con tortillas, tacos y emparedados.

Queso blanco/queso fresco. Este queso de leche de vaca, suave, cremoso e inmaduro se usa en todos los países de América Latina y sabe delicioso con tortillas, arepas, tostadas y huevos. Es muy suave y viene empacado en tarrinas igual que el requesón (*cottage cheese*). Está disponible en todos lados, pero se puede sustituir por el queso campesino o el *mozzarella* fresco.

carnes

Chorizo. Se puede adquirir fresco (sin cocinar), semicurado o curado —así que lee bien el paquete antes de comprarlo. El chorizo curado es muy firme y se come mejor lasqueado, como el *pepperoni*. El chorizo fresco, que queda delicioso a la parrilla, se puede sacar de su envoltura para cocinarse hasta que quede desmenuzado y dorado. Me encanta de ambas formas, y lo uso para frittatas, en empanadas y en mi Tinga poblana (ver pág. 159). Compra el que no tiene conservantes ni aditivos, si lo encuentras.

Jamón serrano. Se parece al *prosciutto* italiano y se importa desde España, donde se cura en sal y se seca al aire durante seis a dieciocho meses. Tiene una textura maravillosamente densa y un saborcito dulce a nuez.

frutas

Naranja agria. La naranja agria se usa en los mojos y adobos de la cocina cubana. Es demasiado agria para comerla y tiene un aspecto áspero.

Guanábana. Con un sabor entre piña, banana y mango, la guanábana es una de las frutas tropicales más encantadoras. Su exterior es puntiagudo y su forma ovalada. Su jugo cremoso sabe muy rico en

batidos de frutas (*smoothies*) o cócteles.

■ **Guayaba (*guava*).** Se cree que esta fruta tropical, suave y aromática, es natural del sur de México o América Central. La pasta de guayaba es excelente para recetas dulces y saladas. Yo uso mucho los bellos casquitos de guayaba enlatados de color magenta.

■ **Lima.** Las dos variedades más comunes de limas son la persa (o tahitiana) y la ácida (*Key lime*), que es mucho más pequeña y jugosa que su pariente mayor. Yo las uso para todo.

■ **Lichi (*lychee*).** La fruta del jugoso lichi —con su desigual cáscara áspera y rosa-frambuesa— es de un blanco cremoso y muy dulce. Esta fruta de origen asiático se cultiva cada vez más en los climas tropicales, incluyendo algunas zonas de América Latina. Se puede comprar fresco (bota la cáscara y la semilla negra) o sin semilla y pelado, empacado en almíbar.

■ **Papaya.** Originaria de las Américas, la papaya o fruta-bomba tiene aproximadamente el tamaño y forma de una pelota de fútbol americano. Si se compra verde, debe dejarse un par de días a temperatura ambiente (idealmente en una bolsa de papel de estraza)

hasta que se ponga de color naranja-amarillo brillante o rosado (según el tipo de papaya) y madura; entonces se guarda en el refrigerador. Córtala por la mitad y quítale las semillas antes de comerla.

■ **Plátano.** El plátano luce como una banana grande, pero es más duro y menos dulce. Se usa más a menudo en platos salados que en dulces. Cuando madura, su color verde se vuelve amarillo y luego negro —puede lucir podrido, pero es mucho más blando que cuando está verde.

■ **Tomatillo.** Los tomatillos lucen como tomatitos verdes cubiertos con una fina cascarilla apergaminada. Son agrios y ácidos y pueden comerse crudos o cocinados en salsas. Los tomatillos se ven sobre todo en la cocina mexicana.

especias y condimentos

■ **Achiote.** Conocido también como bijol, el achiote se usa sobre todo para darle un color dorado rojizo a la comida. Tiene un delicadísimo sabor de almizcle que desaparece cuando se combina con otros condimentos. Puede comprarse en forma de semillas enteras o en polvo.

■ **Adobo.** Se considera el eje de la mayor parte de la cocina

latina. Se usa como la sal y pimienta, para añadir un marcado sabor a limón y ajo a los platos de carne, arroz, frijoles, vegetales y a las sopas. Aunque se puede comprar en los supermercados, el adobo queda mejor si se prepara en casa. Usualmente, el adobo incluye ají en polvo, sal, vinagre, una serie de hierbas, comino, ajo, cítricos (lima o naranja agria) y cebollas. Vea mi receta para adobo en la página 22.

■ **Chiles y ajíes.** Vea el glosario sobre chiles en las páginas 20-21.

■ **Cilantro.** Yo uso enormes cantidades de cilantro para cocinar, y es el condimento que más se asocia con la cocina latinoamericana.

■ **Culantro.** Su sabor es parecido al del cilantro, pero su aspecto es diferente. Tiene largas y estrechas hojas dentadas; es un poco más amargo que el cilantro y se usa frecuentemente en salsas y sofritos.

■ **Comino (*cumin*).** Las semillas del comino, enteras o en polvo, se usan para dar sabor a muchísimos platos latinoamericanos. El comino va bien con las carnes y realza su sabor, pero también complementa muchas verduras. Las semillas de comino provienen de una pequeña especie de la familia del perejil.

Limoncillo. Este tallo asiático luce como una cebolleta larga y dura. Le da un sabor alimonado a las salsas y los caldos. Corta la base dura en segmentos de 1 a 3 pulgadas y machuca el tallo con la parte trasera de un cuchillo pesado antes de añadirlo a líquidos o adobos.

Orégano. Se usa mucho en Centro y Sudamérica: el orégano cubano es una especia exquisita de sabor agrio, mientras que el mexicano tiene un aroma fuerte y penetrante y un intenso sabor pimentoso.

Caña de azúcar. Aunque la caña de azúcar no es originaria del Nuevo Mundo, cuando se trajo a América Latina y el Caribe se dio tan bien en el clima tropical que pronto se convirtió en un cultivo importante de la región.

Tamarindo. Su pulpa agridulce se usa en muchas partes del mundo, incluida América Latina. Aunque se pueden comprar las vainas para remojarlas y extraerles la pulpa, es más fácil comprar la pulpa sin semillas en forma de bloque o como pasta. Está en la sección asiática de los supermercados, o como pulpa congelada en las bodegas latinas.

verduras

Chayote. Este tipo de calabaza originario de México, de color verde pálido, se usa como cualquier otra calabaza y puede asarse, hervirse o hasta rellenarse.

Palmitos. Se consiguen frescos en algunas regiones tropicales, y en conservas en casi todos los lugares.

Mote (*hominy*). Se vende enlatado o seco, el mote (nixtamal) consiste en granos de maíz amarillo o blanco a los que se les han quitado el germen y la cáscara. En Perú es el acompañante tradicional del ceviche, igual que la canchita, que se hace secando y friendo los granos de mote.

Jícama. Se usa sobre todo en la cocina mexicana. Es un tubérculo bronceado de masa blanca y sabor suave y dulzón, apreciado por su textura ligera y crocante, parecida a la de la castaña de agua. Puede comerse cruda o cocinada y es excelente para ensaladas.

Cebollas. En la cocina latinoamericana se usan muchos tipos de cebollas. Las rojas, blancas y las españolas son relativamente dulces y se usan especialmente en ensaladas y salsas. Las cebollas amarillas son demasiado fuertes para comerse crudas, pero cuando se cocinan adquieren un sabor complejo y dulzón. Funcionan bien en la mayoría de las recetas cocinadas.

Papas. Son originarias de América Latina y parte importante de su cultura y cocina. Las *russets* tienen mucha fécula y son buenas para asar o hacer papitas fritas; las *Yukon Golds* y las papas blancas son igual de feculosas, y buenas para asar, freír o hervir; las papas rojas son excelentes para las ensaladas; las moradas son deliciosas en puré o hervidas.

Cebolletas (*scallions*). Las cebolletas tienen largos tallos verdes y pequeños bulbos blancos, y ambas partes pueden usarse en recetas; pueden cocinarse o usarse crudas.

Chalotes. Con un sabor entre el del ajo y el de la cebolla, los chalotes son maravillosos cocinados o crudos en las ensaladas.

Yuca. Uno de los tubérculos tropicales y feculosos más populares en la cocina latina, la yuca casabe o mandioca se usa en América Latina casi tanto como la papa.

frijoles, granos y semillas

Frijoles. En América Latina se usan docenas de diferentes frijoles y arvejas, como los

▲ COTIJA ▼ CHORIZO   ▲ QUESO BLANCO   ▲ OAXACA ▼ NARANJA AGRIA

▼ GUAYABA   ▲ JAMÓN SERRANO ▼ NÉCTAR DE GUANÁBANA   ▼ LICHIS

▲ PAPAYAS   ▲ PLÁTANOS ▼ AJÍ PANCA   ▲ TOMATILLOS

▲ ESPECIAS DE ADOBO ▼ CHIPOTLES   ▼ AJÍ POBLANO   ▲ AJÍ AMARILLO ▼ AJÍES SERRANOS

frijoles negros, frijoles colorados, lentejas, garbanzos, frijoles carita, habas, judías blancas, gandules, frijoles blancos y frijoles pintos.

■ **Pepitas de calabaza.** Las semillitas de calabaza sin cáscara se usan en la cocina mexicana para añadirle un sabor anuezado y una textura crujiente. Luego de quitarles las vainitas blancas, las semillas verdes pueden comerse crudas o tostadas y saladas.

■ **Quinoa.** Este antiguo grano andino de textura ligera y sabor dulzón y anuezado es una alternativa popular a otros granos.

■ **Arroz.** Este grano popular —ya sea como simple arroz blanco, amarillo o arroz con pollo— casi siempre está presente en las comidas latinas. Desde los tiempos del imperio azteca, la gente ha juntado el arroz con los frijoles, no sólo como una comida que llena, sino también porque ambos alimentos juntos crean una proteína completa y nutritiva.

harinas

■ **Harina de maíz.** Se puede moler en piedra o en agua. La harina de maíz azul y la amarilla son las más dulces.

■ **Masa arepa.** Es una harina de maíz precocida que se usa para hacer arepas (ver pág. 40). Se hace de harina de maíz blanca o amarilla y también se conoce como arepa masa, areparina y masarepa. La que se vende en Estados Unidos es la masa harina P.A.N.

■ **Tapioca/harina de yuca.** Se vende como *tapioca starch* en Estados Unidos y es el ingrediente clave de muchos panes latinoamericanos, como el pan de yuca de Colombia. Disponible en supermercados o en las bodegas de productos asiáticos.

productos enlatados o embotellados

■ **Naranja agria embotellada.** Si no hay naranja agria, usa la de Sevilla o también pueden mezclarse cantidades iguales de jugo de naranja fresca y jugo de lima para lograr un sabor parecido, pero no idéntico.

■ **Dulce de leche.** Se conoce como cajeta, arequipe o manjar y puede usarse como relleno de galletas o tortas, como *dip* para frutas, para coronar helados o para untar en panes, crepas y tostadas.

■ **Leche evaporada.** Es leche normal a la que se le ha quitado, por evaporación, un 60 por ciento de su contenido de agua. Viene en latas y dura indefinidamente y es el ingrediente clave de texturas cremosas y dulzonas de muchas recetas latinas.

■ **Salsa de sazón Maggi.** Hecha de proteínas vegetales y extractos, se parece mucho a la salsa inglesa (*Worcestershire*) y puede usarse lo mismo una que la otra. Yo la añado a adobos, guisos y salsas.

■ **Malta.** Aunque se hace con lúpulo y cebada, esta bebida de malta gasificada no tiene alcohol. Tiene un penetrante sabor a melaza y es una buena alternativa al caldo de pollo o la cerveza en las carnes estofadas.

■ **Leche condensada endulzada.** La leche condensada es una versión endulzada de la leche evaporada. También es la base del dulce de leche casero, que se hace hirviéndola en una lata cerrada durante varias horas.

glosario español-inglés de términos de comida menos usuales

Español	Inglés
Acelga suiza	Swiss chard
Alcaparras	Capers
Anchoa	Anchovy
Arándanos	Blueberries
Arándanos rojos	Cranberries
Arvejas	Peas
Atún	Tuna
Avena	Oatmeal
Azucar glasé	Confectioners sugar
Azúcar moreno	Brown sugar
Berro	Watercress
Bicarbonato de soda	Baking soda
Boniato (batata)	Sweet potato
Calabacín	Summer squash
Canela	Cinnamon
Cebolletas	Scallions
Cebollinos	Chives
Chile en polvo	Chile powder
Chuletas de cerdo	Pork chops
Churrasco	Skirt steak
Clavos de olor	Cloves
Coñac	Brandy
Coriandro	Coriander
Crema agria	Sour cream
Crema de leche	Heavy cream
Cúrcuma	Turmeric
Dorado	Mahi Mahi
Eneldo	Dill
Falda de res	Flank steak
Frijoles carita	Black-eyed peas
Garbanzos	Chick peas
Habas	Fava beans
Habichuelas	Green beans
Higos	Figs
Hinojo	Fennel
Hoja de laurel	Bay leaf
Hojuelas de coco tostado	Coconut flakes
Jengibre	Ginger
Judías blancas	Lima beans
Leche condensada (endulzada)	Condensed milk (sweetened)

Español	Inglés
Leche evaporada	Evaporated milk
Limoncillo	Lemongrass
Maicena	Corn starch
Maní (cacahuete)	Peanuts
Mantequilla (sin sal)	(Unsalted) butter
Masa de hojaldre	Puff pastry dough
Mejillones	Mussels
Melocotón (durazno)	Peach
Melón dulce	Cantaloupe
Menta	Mint
Mitad-crema mitad-leche	Half and half
Nuez moscada	Grated nutmeg
Ostiones	Scallops
Pan francés	Baguette
Pargo	Red snapper
Perejil	Parsley
Pimentón (dulce)	(Sweet) paprika
Pimienta de Cayena	Cayenne pepper
Pimienta roja	Red pepper flakes
Plátano	Plantain
Polvo de hornear	Baking powder
Queso crema	Cream cheese
Rábano	Radish
Repollo (col)	Cabbage
Romero	Rosemary
Ron (aromatizado con especias)	(Spiced) rum
Rosbif	Roast beef
Rúcula	Arugula
Salsa inglesa	Worcestershire sauce
Salsa para bistec	Steak sauce
Suero de leche	Buttermilk
Tocino (canadiense)	(Canadian) bacon
Tomillo	Thyme
Toronja (pomelo)	Grapefruit
Vinagre de arroz	Rice vinegar
Vinagre de Jerez	Sherry vinegar
Vinagre de sidra de manzana	Apple cider vinegar
Vinagre de vino tinto	Red wine vinegar
Vino de Jerez	Sherry

▲ LIMONCILLO ▼ CHAYOTE   ▲ CAÑA DE AZÚCAR   ▲ TAMARINDO ▼ JÍCAMA

▼ PALMITOS   ▲ MOTE ▼ YUCA   ▼ GARBANZOS

▲ FRIJOLES NEGROS   ▲ HABAS ▼ HARINAS VARIADAS   ▲ FRIJOLES COLORADOS

▲ QUINOA ▼ DULCE DE LECHE   ▼ MALTA CARACAS   ▲ HARINA DE MAÍZ ▼ JUGO DE NARANJA AGRIA

mi vida picante

Me considero una chica luchadora que vive, trabaja y ama apasionadamente. Si esto se debe a la genética, a todos los ajíes picantes que como o a una combinación de ambos, no lo sé, ¡pero sí sé que la vida sería aburrida sin comida picante! Yo uso varias clases de chiles o ajíes en mis recetas: frescos, secos, enlatados en salsa, ahumados y en polvo —cada uno aporta su sabor especial. No todo tiene que ser superpicante; a veces una pizca de especia funciona perfectamente. ¡Aunque de vez en cuando me gusta condimentar la comida hasta el punto de que me gotee la nariz!

Chiles frescos típicos como los jalapeños y serranos a menudo forman parte de mis salsas, pero los que más me gustan son los ajíes peruanos, como el ají amarillo, el ají mirasol y el ají panca. El ají se remonta, hace miles de años, a la cultura inca, donde fue un ingrediente mítico de poemas y relatos. Al usar estos ajíes me siento unida a estos indígenas de América. En Miami, donde vivo, un gran porcentaje de la población es latina o de ascendencia latina, de modo que los ingredientes latinos son fáciles de encontrar. Si no tienes una bodega latina cerca, ve a mi sitio web (www.delicioso.com) para que veas mis fuentes favoritas, lo que te permitirá tener acceso fácil a una gran variedad de ajíes.

Los chiles frescos pueden

ir desde relativamente suaves, como el poblano, hasta extremadamente picantes, como el *Scotch bonnet* (porque tiene forma de gorrita escocesa). En general, mientras más gruesa sea la cáscara y más grande el ají, menos picante es, porque un 80 por ciento de la capsaicina (el componente que lo hace picante) se halla en las semillas y las nervaduras. Los chiles más pequeños tienen más semillas y nervaduras en relación con su masa, lo que hace que los ajíes grandes sean muy suaves, ¡mientras que el chiquitín *Scotch bonnet* es superpicante! Si se le quitan las semillas y nervaduras, se hace al chile menos picante, pero esto no funciona con los que son picantes de verdad.

Te recomiendo que uses guantes de látex o de cocina cuando manejen ajíes picantes, para así evitar la sensación de picor si luego se tocan una parte sensible del rostro o los ojos. Los potentes agentes de la capsaicina pueden permanecer activos en las manos inclusive después de enjuagarlas, así que maneja los chiles con cuidado.

Cuando no quiero lidiar con guantes, semillas o nervaduras, corto la parte inferior del ají y uso sólo la parte donde comienzan las semillas. Así mis manos nunca tocan las partes picantes. Recuerden quitar el trozo de chile antes de servir ¡para evitar que alguien se queme la boca!

Ají amarillo. Usado en la cocina peruana durante miles de años, es un chile delgado de 4 a 6 pulgadas de largo, moderadamente picante (como el jalapeño) y de ligero sabor a fruta. Los uso enlatados en salmuera, secos o en pasta, pero en América Latina se consiguen frescos.

Ají mirasol. Su nombre se refiere a la manera en que crece, y va de moderado a muy picante. Su color es generalmente rojo amarillento y tiene un sabor tropical parecido al de las moras. Sobre todo en la cocina peruana, se usa seco y en polvo.

Ají panca. Este chile seco tiene un sabor ahumado a mora y se usa sobre todo en salsas y platos de pescado. Pruebas arqueológicas sugieren que ya se usaba hace 6.500 años. Este chile peruano tiene una masa gruesa y su sabor medio picante es perdurable.

Pimiento de Cayena. Cuando están frescos, los pimientos de Cayena tienen 2½ pulgadas de largo, pero este ají rojo se usa casi siempre seco y en forma de un fino polvo. Tiene un sabor cortante y agrio, y es un buen condimento para casi todo.

Habanero. Originario del Caribe, Yucatán y la costa norte de Sudamérica, el habanero es uno de los chiles pequeños más picantes. Va de verde a naranja brillante y se parece a los *Scotch bonnets*. ¡Sólo una tajadita puede convertir una salsa o un guiso en fuego líquido!

Jalapeño. Es uno de los chiles más comunes y reconocibles en Estados Unidos, y va de moderadamente picante a muy picante. Se come crudo en salsas latinas y en las salsas cocinadas. Con frecuencia su color es un verde más o menos intenso, pero cuando madura puede ponerse rojo anaranjado. Los jalapeños maduros se secan al humo para hacer chipotle, de gran sabor sobre todo cuando se empaca en adobo (una salsa hecha de tomates, vinagre y especias). Los chipotles en adobo enlatados son muy picantes, así que quítale las semillas antes de usarlo si eres sensible al picante fuerte.

Poblano. Son moderadamente o poco picantes y siempre se sirven cocinados, nunca crudos. Es un chile bueno para asar y excelente para rellenar debido a su cáscara gruesa y gran tamaño. Los anchos, la versión seca de los poblanos, son el ingrediente principal en la salsa de mole mexicana. Se trata de un chile seco poco picante de sabor muy complejo, y es el chile seco más usado de México.

Scotch bonnet. Este ají es uno de los más picantes que existen. De sabor frutal y ahumado, se usa mucho en los platos caribeños, como el *jerk chicken* (pollo frotado con ajíes picantes).

Serrano. Picantes y ácidos, los serranos son para quienes desean algo más fuerte que jalapeños suaves. Los rojos pueden ser un poco más dulces, pero el grado de picantez varía. Se pueden usar frescos, cocinados en salsa o encurtidos. Son delgados, largos y puntiagudos.

vive la vida salsa

Éstas son mis versiones de unas cuantas salsas y sazones de la cocina latina. El adobo y el sofrito son el núcleo de muchos platos latinos. Hay muchas variaciones, pero éstas son las que prefiero. Con ellos puedes hacer una salsa o un guiso, o usarlos como terminación para el pescado o la carne. Cuando quiero algo con mucho sabor, pero sólo tengo unos minutos para prepararlo, hago mole. Con una pasta de mole ya preparada se puede hacer una versión bastante auténtica en minutos. La Salsa jalapeño y el Ají de aguacate son los tipos de condimentos picantes que se encuentran en las mesas de la mayoría de los países latinos. Úsalos en lugar del *ketchup* o de la salsa a base de tomate para saborear algo un poco diferente y absolutamente apetitoso en la cena.

adobo delicioso

RINDE ⅓ DE TAZA

El condimento de adobo resulta maravilloso con todo. Realza el sabor de la sopa y la salsa, y es excelente como especia para frotar, o mezclado con líquidos para una marinada. Cómpralo en botellas (ver "La despensa deliciosa", pág. 10) o prepara la versión casera que está en este libro. Guárdalo en un pomo de vidrio hermético, en un sitio oscuro y fresco (¡el gabinete encima de la estufa es el peor lugar para guardar especias!). Durará hasta seis meses.

1 cda. de condimento de limón-pimienta
   (*lemon-pepper seasoning*)
1 cda. de ajo en polvo
1 cda. de cebolla en polvo o seca
1 cda. de orégano seco
1 cda. de perejil seco
1 cda. de achiote en polvo
1½ cdtas. de comino molido
1 cda. de sal

Combina las especias en un frasco pequeño de vidrio y tápalo herméticamente. Agítalo para mezclar y guárdalo en un lugar seco y fresco.

salsa mole

RINDE 4 TAZAS

El mole es una salsa típica de México que puede hacerse con pepitas de calabaza, semillas de sésamo o varias clases de chiles, y hasta chocolate. Es excelente sobre el pollo o con pavo, pero también resulta maravilloso con arroz y frijoles. Es complicado de hacer, pero si usas pasta preparada de mole como base, se prepara enseguida. Busca la pasta en la mayoría de los supermercados, o vuelve a "La despensa deliciosa" (ver pág. 10).

1 cdta. de mantequilla sin sal o aceite
   de oliva
1 cebolla amarilla pequeña, finamente picada
1 tomate pequeño, descorazonado y
   finamente picado
4 dientes de ajo, finamente picados
2 tz. de pasta preparada de mole negro,
   verde o rojo
1 a 2 tz. de caldo de pollo, hecho en casa o
   enlatado, bajo en sodio
Sal y pimienta fresca molida

Derrite la mantequilla o calienta el aceite en una sartén mediana a fuego medio. Añade la cebolla, el tomate y el ajo y cocínalos, agitando con frecuencia, hasta que las cebollas estén suaves y doradas, unos 5 a 7 minutos. Añade, revolviendo, la pasta de mole y la cantidad de caldo que necesites para llegar al espesor que deseas. Agrega sal y pimienta, calienta la salsa y sírvela.

ají de aguacate

RINDE ⅓ DE TAZA

¡Si yo tuviera un dólar por cada ají que existe, sería riquísima! Éste va bien con todo, desde carne o pollo a la parrilla hasta yuca, chorizo, papas y arroz.

- 8 cebolletas, sólo las partes blancas y verde claras, finamente picadas
- 2 tomates medianos, descorazonados y finamente picados
- 1½ tz. de hojas de cilantro fresco picaditas
- ¼ de tz. de vinagre blanco
- Sal
- 2 aguacates tipo Hass medianos, cortados a la mitad, sin semilla, pelados y picados en cubitos
- 2 huevos duros, pelados y picaditos
- Salsa de Tabasco
- 1 lima, cortada en cuñas

Coloca las cebolletas, el tomate, el cilantro, el vinagre, ½ taza de agua y un poco de sal en un tazón grande y revuélvelos. Añade los aguacates, los huevos y unas gotas de Tabasco, y revuelve suavemente para combinarlos, con cuidado de no aplastar demasiado los aguacates o los huevos. Cubre con un plástico de cocina y refrigera hasta que se enfríe. Sírvelo en un par de horas, adornado con cuñitas de lima.

sofrito básico

RINDE 1½ TAZAS

El sofrito le añade un sabor instantáneo a todo, desde frijoles y lentejas hasta pollo, carne y papas. Úsalo como base para sopas o encima de pechugas de pollo asadas o costillas de cerdo. Dura hasta una semana en un frasco bien cerrado, o congélalo en una bandeja para hielo y usa los cubitos como si fueran cubitos de caldo. Para un sofrito picante, añade jalapeño picadito.

- 2 cdas. de mantequilla sin sal o aceite de oliva
- 12 cebolletas, sólo las partes blancas y verde claras, finamente picadas
- 1 cebolla amarilla pequeña, finamente picada
- 1 tomate pequeño, descorazonado y picado
- ¼ de taza de hojas de cilantro picaditas
- Sal y pimienta molida fresca

Derrite la mantequilla o calienta el aceite en una sartén mediana a fuego medio. Añade el resto de los ingredientes y cocínalos, agitando con frecuencia, hasta que las cebollas estén suaves y doradas, y los tomates estén pastosos, unos 10 minutos. Pásalo a un tazón para que se enfríe, o úsalo inmediatamente.

salsa jalapeño

RINDE 1 TAZA

Entra en un hogar mexicano y verás algo parecido a esta salsa sobre la mesa. Se usa como condimento para añadir sabor a absolutamente todo. Esta versión es ligera y de sabor intenso.

- ½ tz. de jalapeños enlatados, rebanados, escurridos y finamente picados
- ½ cebolla amarilla pequeña, finamente picada
- ½ tz. de hojas de cilantro frescas, finamente picadas
- 2 cdas. de aceite de oliva
- 1 cda. de vinagre blanco
- 1 cda. de jugo de lima (de alrededor de ½ lima)
- Sal

Combina todos los ingredientes en un tazón mediano y mézclalos. Deja que la salsa se asiente a temperatura ambiente durante unas horas para que los sabores se combinen, o refrigérala en un recipiente hermético hasta por una semana.

prendiendo
motores

extraño mis días de infancia sin preocupaciones, cuando me llenaba con un enorme desayuno casero y luego regresaba a la cama. ¡Qué lujo! En estos momentos de mi vida, esos días son un recuerdo lejano. El desayuno es el combustible fortalecedor que quemamos a lo largo del día —una buena razón para no saltarlo.

En las agitadas mañanas de los días de semana, me siento satisfecha con un tazón de papaya picada rociada con jugo de lima, o con las sobras de la cena de la noche anterior, pero los fines de semana me doy gusto con las sabrosas comidas con las que crecí, como arepas recién acabadas de cocinar, pan de yuca recién salido del horno, y la famosa *quiche* de mi hermana. A veces preparo algo tradicional, como el maravilloso y satisfactorio caldo casero changua con huevos escalfados o avena. En otras ocasiones, hago algo que es una mezcla de mi pasado y mi presente, como Pan de plátano (ver pág. 36), Tostada *tutti frutti* con dulce de leche (ver pág. 31) o Huevos benedictinos con salsa holandesa de chipotle (ver pág. 32).

Como buena chica latina, a veces comienzo mi día con un bistec, y en este capítulo les regalo la mejor versión que existe del bistec con huevos, llamada Bistec a caballo. Así fue como aprendí a comer bistec con huevos; mi madre me mataría si yo lo preparara de otra manera (aunque en Latinoamérica hay otras versiones diferentes e igualmente atractivas). Después de un Bistec a caballo, bébete un cortadito y tendrás energía para hoy y mañana.

Dulce o saladito, escoge el que más te guste —encontrarás ambos en este capítulo. ¡Buenos días!

changua (caldo casero para el desayuno)

1 cda. de vinagre blanco

4 huevos grandes

1½ tz. de leche

3 cebolletas, sólo las partes blancas y verde claras, cortadas en rodajas finas

2 cdas. de hojas de cilantro fresco picadas

¼ de cdta. de sal

Pan rústico o tostadas para servir

Cuenta la leyenda que Simón Bolívar, El Libertador, les servía a sus tropas este caldo durante sus campañas emancipadoras por tierras de lo que hoy es Bolivia, Colombia, Ecuador, Panamá, Perú y Venezuela. En dichos países, todos, hasta los colombianos más altivos, consumen changua con gran placer. Sírvelo con pan rústico o tostada para romper el huevo y absorber el delicioso caldo.

1 Llena una cacerola grande con dos pulgadas de agua fría. Añade el vinagre y deja que la mezcla hierva a fuego mediano-alto. Reduce el fuego a mediano. Uno a la vez, parte los huevos en un tazón o cacerola poco profunda y deslízalos suavemente en el agua caliente. Deja que se cocinen hasta que las claras estén firmes, pero las yemas todavía húmedas, de 2 a 3 minutos. Con una espumadera, transfiere los huevos a 4 tazones individuales y deja aparte.

2 Pon a hervir 4 tazas de agua y la leche en una cacerola mediana a fuego mediano-alto. Reduce el fuego a mediano-bajo, añade las cebolletas, el cilantro y la sal y deja que todo se cocine a fuego bajo durante 5 minutos. Vierte el caldo sobre los huevos y sirve inmediatamente con pan o una tostada.

batidos de avena
para el desayuno

RINDE 4 PORCIONES

1 tz. de avena tradicional

6 tz. de leche, y más cantidad si es necesario

2 cdas. a ¼ de tz. de azúcar

Una pizca de canela

1 cda. de extracto de vainilla (opcional)

Avena se traduce al inglés como *"oats,"* que a su vez significa "granos o copos". Esta es la receta para una bebida espesa a base de avena, similar en textura a la de una crema suave y gruesa. Los panecillos de yuca (ver pág. 34) son sus acompañantes tradicionales, ya sea durante el desayuno o una merienda en la tarde. Los mejores panecillos de yuca y crema de avena de Colombia se consiguen en un local en Bogotá llamado Fru Fru, o en El Espinal, en la plaza de Girardot, a dos horas de Bogotá, junto al río Magdalena. Como ya no viajo a Colombia con tanta frecuencia, me preparo yo misma una crema de avena cada vez que siento nostalgia de mi tierra. Para una versión de consistencia más ligera, cuela la mezcla de avena antes de refrigerar.

1 Vierte la avena y la leche en una cacerola mediana y pon a fuego mediano-alto. Deja que la mezcla rompa a hervir, reduce el fuego a mediano-bajo y revuelve constantemente hasta que la avena se espese, aproximadamente unos 10 minutos. Añade azúcar y canela a gusto y coloca la cacerola aparte hasta que se enfríe ligeramente.

2 Transfiere la avena a un recipiente tapado y refrigera durante dos horas por lo menos, y preferiblemente hasta el día siguiente. Cuela el líquido, añade la vainilla (opcional) y agrega más leche si prefieres una textura más fina. Sirve la crema de avena fría.

huevos rancheros con salsa ranchera

RINDE 4 PORCIONES

PARA LA SALSA

2½ lbs. de tomates descorazonados y cortados a la mitad

1 o 2 chiles serranos frescos o en salmuera cortados por la mitad (elimina las semillas y nervaduras para que no resulten tan picantes)

1 cda. de aceite de oliva

½ cebolla amarilla pequeña finamente picada

2 dientes de ajo machacados

1 cda. de hojas frescas de orégano machacadas

½ cda. de comino molido

1 cdta. de salsa inglesa

Sal y pimienta molida fresca

PARA LOS HUEVOS

2 cdas. de mantequilla sin sal

8 huevos grandes

Sal y pimienta molida fresca

4 tortillas de maíz o tostadas

12 cebolletas, la parte verde clara solamente, picadas

¼ tz. de hojas de cilantro fresco picadas

Un ex novio mío que se crió en México fue quien me mostró las maravillas de la cocina de su país. Siempre que lo visitaba en México desayunábamos con huevos rancheros. Ése es el tipo de comida casera que me encanta.

1 Para hacer la salsa, precalienta el asador a nivel alto. Distribuye los tomates con la cáscara hacia arriba sobre una parrilla para asar forrada con papel aluminio. Asa los tomates durante unos 3 minutos, hasta que la cáscara comience a quemarse y secarse. Voltea los tomates y déjalos asar durante 10 ó 12 minutos más o hasta que estén suaves. Transfiere los tomates y los chiles a la licuadora, redúcelos a puré y deja la mezcla aparte.

2 Calienta el aceite de oliva en una cacerola mediana a fuego mediano-alto durante 1 minuto. Agrega la cebolla y el ajo y deja cocinar, revolviendo de vez en cuando, hasta que la cebolla se suavice, aproximadamente 2 minutos. Incorpora el orégano, el comino y la salsa inglesa. Agrega el puré de tomate y cocina a fuego lento hasta que la salsa se espese ligeramente y se mezclen los sabores, aproximadamente unos 10 minutos. Sazona con sal y pimienta a gusto y deja aparte.

3 Para preparar los huevos, derrite la mantequilla en una sartén grande a fuego mediano. Cuidadosamente, parte los huevos y distribúyelos en la sartén, sazónalos con sal y pimienta, tapa la sartén y deja cocinar hasta que las claras estén cocinadas y las yemas estén todavía líquidas, de 6 a 8 minutos. Mientras tanto, calienta una sartén pequeña a fuego mediano-alto. Coloca en ella una tortilla y calienta cada lado durante 10 a 15 segundos. Sirve dos huevos fritos sobre cada tortilla, cubiertos con salsa ranchera y espolvoreados con cebolletas y cilantro.

consejito delicioso: Para que los huevos se conserven frescos por más tiempo, guárdalos con el extremo más ancho hacia arriba y el más fino hacia abajo. Como el saco natural de aire dentro del huevo queda entonces arriba, se mantiene mucho mejor su frescura.

tostada *tutti frutti* con dulce de leche

RINDE 4 PORCIONES

4 rebanadas de 1 pulgada de grosor cada una de *brioche*, pan de huevo o pan blanco campestre

1 tz. de arándanos, más una cantidad extra para servir

1 tz. de fresas picadas, más una cantidad extra para servir

4 huevos grandes

½ tz. de leche, más una cantidad extra por si es necesaria

1 cda. de extracto de vainilla

Una pizca de sal

2 cdas. de mantequilla sin sal

1 tz. de dulce de leche a temperatura ambiente

Azúcar glasé para servir

Aquí tienen un ejemplo de lo que le pasa a una latina cuando ha vivido en Estados Unidos durante 20 años. Una mañana, mientras preparaba una tostada a la francesa, decidí sustituir el almíbar de arce por dulce de leche y el resultado fue tan delicioso que me juré no usar el almíbar de arce nunca más. Para obtener la mejor tostada a la francesa, usa una rebanada de *brioche* o de pan de huevo (como el *challah*). Encontrarás el dulce de leche en muchos supermercados y en la mayoría de las bodegas latinas, o consulta la sección "La despensa deliciosa" de la página 10.

1. Coloca el pan sobre una tabla de cortar y utiliza un cuchillo bien afilado para abrir un bolsillo horizontal en cada rebanada.

2. Echa los arándanos y las fresas en un tazón pequeño y mézclalos suavemente. Rellena cada bolsillo de pan con una cucharada de la mezcla de frutas. Presiona suavemente con la palma de la mano para aplastar el abultamiento en el pan.

3. Bate los huevos junto a 2 cucharadas de la leche, la vainilla y la sal en un tazón mediano. Sumerge cada rebanada rellena en la mezcla de huevo, dejando que el pan se sature por ambos lados. Ve colocándolas sobre un plato.

4. Derrite la mantequilla en una sartén grande a fuego mediano. Añade las tostadas a la francesa y cocina hasta que se doren por ambos lados, alrededor de 3 minutos por cada lado.

5. Mientras se doran las tostadas, pon a hervir agua a fuego mediano-alto en una cacerola pequeña. Vierte el dulce de leche y las otras 2 cucharadas de leche restantes en un recipiente resistente al calor y colócalo sobre la cacerola. Reduce el fuego a nivel bajo y bate la mezcla hasta que la salsa se suavice y adquiera textura líquida, añadiendo más leche en caso necesario.

6. Salpica las tostadas a la francesa con la salsa de crema de leche. Cubre con pedacitos de fresas y arándanos y espolvorea por encima el azúcar en polvo.

huevos benedictinos con salsa holandesa de chipotle

RINDE 4 PORCIONES

PARA LA HOLANDESA DE CHIPOTLE

½ tz. (1 barra) de mantequilla sin sal

3 yemas de huevo grandes

2 cdas. de agua caliente

1 cda. más 1 cdta. de jugo de limón fresco

⅛ de cdta. de sal

1 cda. de salsa tomada de una lata de chipotles en adobo

PARA LOS HUEVOS

2 cdas. de vinagre blanco

4 huevos grandes

1½ cdta. de orégano seco

½ cda. de pimentón dulce

4 tiras de tocino canadiense

4 arepas de maíz blanco (compradas hechas), panecillos *English muffin* o rebanadas de pan

Hojas frescas de perejil de hoja plana, picadas, para servir

Los ajíes o chiles tipo chipotle en adobo son uno de mis ingredientes favoritos ya que añaden un sabor ahumado y aromático a cualquier tipo de plato, desde pastas y frijoles, hasta guisos y arroces. Una pequeña cantidad rinde mucho, así que cuando abro una lata, me gusta preparar pequeños paquetes de un solo uso de la manera siguiente: voy colocando un chipotle con un poco de salsa sobre un pedazo de papel plástico para envolver, doblo el plástico en un cuadradito hermético y lo coloco sobre una plancha de hornear que luego pongo a congelar. Cuando los paquetes están bien congelados, los guardo dentro de una bolsa en el congelador, así los tengo listos para usar en el momento que los necesite.

Si no te gusta hacer las arepas y no las encuentras ya preparadas en tu supermercado, sustitúyelas por la mitad de un panecillo tipo *English muffin*.

1 Como primer paso, prepara la salsa holandesa. Derrite la mantequilla en una cacerola pequeña a fuego mediano-bajo hasta que la mantequilla esté espumosa, pero no dorada, aproximadamente unos 5 minutos. Pon a hervir agua en un recipiente pequeño. Reduce el fuego a mediano-bajo y coloca un tazón pequeño sobre la cacerola (el fondo del tazón no debe tocar el agua). Agrega al recipiente las yemas de huevo, el agua caliente, el jugo de limón, sal y la salsa de adobo. Bate la mezcla hasta que se ponga espumosa y comience a espesarse, aproximadamente unos 5 minutos.

2 Agrega la mantequilla derretida y bate la salsa hasta que tenga una consistencia suave. Apaga el fuego y tapa el recipiente con papel plástico. Deja que la salsa repose sobre el agua tibia durante unos 30 minutos antes de servir. (Si la salsa se espesa demasiado o comienza a deshacerse, bate en agua caliente una cucharada a la vez hasta que se suavice o se integre de nuevo. No recalientes la salsa sobre fuego directo, ya que pierde la consistencia y se deshace).

3 Para preparar los huevos, llena una cacerola grande con 2 pulgadas de agua fría. Incorpora el vinagre y deja que el líquido se caliente a fuego mediano-alto. Reduce el fuego a mediano. Uno a la vez, rompe los huevos dentro de una cacerola poco profunda y suavemente deslízalos en la cacerola grande. Cocina los huevos hasta que las claras estén firmes, pero las yemas líquidas, de 2 a 3 minutos. Con la ayuda de una espumadera, transfiere los huevos a un plato cubierto con toallas de papel para que se escurran.

4 Combina el orégano y el pimentón en un recipiente pequeño y frota la mezcla sobre el tocino. Calienta una sartén a fuego mediano y agrega las rebanadas de tocino. Cocínalas hasta que los bordes tomen una coloración café dorado, aproximadamente 3 minutos por cada lado.

5 Calienta las arepas en una sartén grande sobre fuego mediano-alto de 10 a 15 segundos por cada lado, o hasta que se calienten completamente. Si usas panecillos *English muffins* o rebanadas de pan, tuéstalos hasta que se doren.

6 Para unificar todo, coloca una arepa o panecillo caliente en cada plato de servir. Pon encima, una rebanada de tocino y un huevo cocido. Vierte la salsa holandesa a cucharadas sobre los huevos y, por último, decóralos con el perejil picadito. Sirve inmediatamente.

consejito delicioso: Para que los huevos queden escalfados a la perfección, con una cuchara empieza a darle vuelta hasta crear un pequeño remolino en agua hirviente. Desliza el huevo en el centro del remolino mientras bates (bate alrededor del huevo, no directamente sobre él) para que las claras no se dispersen. El agua no debe hervir muy intensamente para que el huevo no se desintegre.

pan de yuca

RINDE 10 PANECILLOS

1 tz. de harina de tapioca, más una cantidad extra para amasar

1 cdta. de polvo de hornear

2 tz. de queso Oaxaca finamente rallado, o cualquier otro queso blanco como el *mozzarella*

2 yemas de huevo grandes

¼ de tz. de crema de leche, si fuera necesario

Te lo advierto: es adictivo. Una vez que empiezas a comer pan de yuca, ¡no puedes parar! Comencé a preparar panecillos de yuca para servirlos en fiestas, pero desistí porque los invitados se llenaban de pan y dejaban el resto de la comida que había preparado.

1 Precalienta el horno a 350°F. Forra una plancha para horno con papel aluminio, engrasa el papel con aceite vegetal en aerosol y deja aparte.

2 Mezcla la harina de tapioca y el polvo de hornear en un recipiente grande. Añade el queso y las yemas de huevo. Una vez que la masa forme una pelota, pásala a una tabla ligeramente enharinada y amásala con las manos hasta que se suavice, tenga una textura pareja y no quede pegajosa. Si no tiene consistencia o es muy dura para amasar, agrega la crema de leche, una cucharada a la vez hasta que quede moldeable.

3 Divide la masa en 10 pedazos iguales y dales forma de lunas o pelotitas. Colócalos a una pulgada de distancia entre sí sobre la plancha ya preparada y hornea hasta que los panecillos adquieran un tono dorado pálido (procura que no se quemen demasiado), de 15 a 17 minutos (deben quedar tiernos y suaves). Déjalos enfriar sobre una rejilla de 5 a 10 minutos y sírvelos calentitos.

quiche de queso a la johanna

RINDE 4 PORCIONES

2 cdas. de aceite de oliva

1 tz. de jamón (preferiblemente serrano) cortado en cubitos

8 cebolletas finamente picadas (la parte verde clara solamente)

1 lata de 14 oz. de tomates cortados en cubitos y escurridos

3 huevos grandes

1 tz. de queso *Gouda* rallado

½ tz. de leche

¼ de tz. de crema de leche

¼ de tz. de aceitunas *Kalamata* cortadas en ruedas

1 cda. de alcaparras en salmuera, escurridas

Pimienta molida fresca

1 corteza de pastel de 9 pulgadas comprada hecha

A Johanna, mi hermana mayor, le encanta comer y cocinar tanto como a mí. De pequeña, me sobornaba con comida para que mantuviera en secreto sus travesuras. Ahora que Johanna vive en Toronto, pasamos horas en el teléfono conversando sobre la comida que nos gusta y sobre los éxitos o fracasos obtenidos con una u otra receta. A las dos nos encanta servir platos de desayuno para la cena. Así que les presento su *quiche* de queso, que resulta delicioso en cualquiera de esas dos ocasiones.

1 Precalienta el horno a 350°F.

2 Calienta el aceite en una sartén mediana a fuego mediano-alto. Agrega el jamón y las cebolletas y deja cocinar hasta que se doren, de 3 a 5 minutos. Incorpora los tomates revolviendo y deja cocinar hasta que se reduzcan a pasta, de 5 a 8 minutos. Pon la mezcla aparte a enfriar.

3 Bate los huevos, el queso, la leche, la crema, las aceitunas, las alcaparras y la pimienta en un tazón mediano. Incorpora la mezcla de tomate a los huevos y rellena con esto la corteza de pastel. Hornea la *quiche* hasta que los huevos estén listos, de 30 a 35 minutos. Deja enfriar la *quiche* durante 40 minutos antes de servir, o sírvela a temperatura ambiente.

pan de plátano

RINDE 3 HOGAZAS PEQUEÑAS

½ tz. (1 barra) más 1½ cdas. de mantequilla sin sal a temperatura ambiente

2 tz. de harina común

1 cdta. de bicarbonato de soda

¼ de cdta. de sal

1 tz. de azúcar

2 huevos grandes, ligeramente batidos

2 plátanos maduros, pelados, cortados en trozos grandes y ligeramente aplastados

1 banana pelada, cortada en trozos grandes ligeramente aplastados

⅓ de tz. de suero de leche

Menos dulce que el pan de banana tradicional, el pan de plátano pintón resulta excelente en el desayuno, servido con té o como merienda. Yo lo preparo en grandes cantidades y utilizo las hogazas individualmente como regalo entre mis amigos. Prueba a repartirlas como un regalo dulce entre tus próximos invitados a cenar. No sólo se acordarán de lo bien que la pasaron la noche anterior, sino que también se sentirán agradecidos con tu detalle al disfrutar el pan a la mañana siguiente. Sirve el pan tostado, cubierto con abundante mantequilla y salpicado con miel.

1 Precalienta el horno a 350°F. Engrasa tres moldes para hogazas pequeñas con 1½ cucharadas de mantequilla y deja aparte.

2 Cierne la harina, el bicarbonato de soda y la sal sobre un tazón mediano y deja aparte.

3 Con una mezcladora eléctrica, mezcla la ½ taza de mantequilla y el azúcar en un tazón mediano hasta que la crema adquiera un color pálido y textura ligera, aproximadamente 3 minutos. Gradualmente incorpora los huevos, batiendo hasta que la mezcla quede homogénea. Añade el plátano y la banana, aplastándolos dentro de la mezcla con un tenedor. Con la mezcladora a baja velocidad, agrega la mitad de los ingredientes secos cernidos, mezclando hasta que queden solamente unas cuantas partes secas. Agrega ahora el suero de leche y después el resto de los ingredientes secos, mezclando hasta que todo esté bien combinado.

4 Transfiere la masa a los moldes engrasados. Hornea hasta que la parte superior se dore y al insertar un palillo de madera en el centro, éste salga limpio, aproximadamente 40 minutos. Deja enfriar las hogazas durante 10 minutos antes de desmoldarlas, y luego dejarlas enfriar completamente sobre una rejilla.

frittata antioqueña

RINDE 6 PORCIONES

2 cdtas. de aceite de canola o aceite vegetal

2 longanizas de chorizo cocinado, finamente picadas

2 rebanadas de pan blanco sin la corteza

1 plátano bien maduro (con la cáscara negra), pelado y cortado en trozos menudos

6 huevos grandes

Sal y pimienta molida fresca

1 cda. de mantequilla sin sal

consejito delicioso: Si la *frittata* se parte al sacarla de la sartén, sírvela doblada como una *omelette*, o simplemente divídela en trozos "rústicos". ¡Qué fácil pasar de torpe a chic!

Siempre que salía a montar a caballo con los amigos en cabalgatas por el campo que duraban el día entero, preparaba como desayuno una sabrosa tortilla de huevo, la versión española de la *frittata*. Cantábamos, reíamos y bebíamos mucho aguardiente, una potente bebida hecha con caña de azúcar y aromatizada con anís. Las *frittatas* son excelentes para llevar a un *picnic* o incluir en el menú de un desayuno-almuerzo, pues se pueden preparar de antemano y servir a temperatura ambiente. La dulzura del plátano contrasta de forma deliciosa con el picante del chorizo, lo que le agrega una particular riqueza a este plato.

1 Calienta una cucharadita del aceite en una sartén grande a fuego mediano-alto. Agrega el chorizo y déjalo dorar, revolviendo a menudo hasta que se caliente completamente, aproximadamente 4 minutos. Transfiérelo a un plato cubierto con papel toalla y deja aparte.

2 Tuesta las rebanadas de pan hasta que tomen un tono dorado, entonces corta cada rebanada en cubitos de ½ pulgada y deja aparte.

3 Calienta la cucharadita de aceite restante en una sartén grande a fuego mediano-alto. Añade el plátano pintón y cocina, revolviendo a menudo, hasta que se dore, de 3 a 4 minutos. Pasa el plátano a un plato cubierto con papel toalla.

4 Bate los huevos con la sal y la pimienta a gusto en un tazón grande. Incorpora el plátano, los cubitos de pan y mezcla con cuidado los ingredientes. Derrite la mantequilla en una sartén grande de superficie no adhesiva. Agrega la mezcla de huevo, inclinando la sartén para que la mezcla corra por todo el fondo en una capa fina. Cuando veas que el huevo comienza a solidificarse en los bordes, reduce el fuego a bajo y añade entonces el chorizo. Tapa la sartén y deja cocer la *frittata* hasta que esté bien cocinada, aproximadamente 10 minutos. Con cuidado, pasa la frittata a una fuente de servir, córtala en cuñas y sirve.

bistec a caballo

RINDE 4 PORCIONES

4½ cdtas. de aceite de oliva

2 tomates medianos, descorazonados y picados

4 cebolletas, la parte blanca y verde claro solamente, cortadas a la mitad a lo largo y luego a lo ancho en trozos de 1 pulgada

1 diente de ajo bien machacado

Sal y pimienta fresca molida

2 cdas. de mantequilla sin sal

1½ lbs. de carne de falda, cortada a lo ancho en 4 pedazos

1 cdta. de Adobo delicioso (ver pág. 22), o adobo comprado

4 huevos grandes

2 cdas. de perejil de hoja plana picadito

No conozco a ningún hombre amante de la carne que no se entusiasme con un Bistec a caballo en el desayuno. A diferencia de la carne con huevo estándar, esta receta lleva una salsa picante preparada con tomates ligeramente tostados, cebolletas y ajo. Esta salsa le añade una maravillosa complejidad a un plato que es de por sí muy sencillo. Si necesitas hacer las paces con tu media naranja, un Bistec a caballo a primera hora de la mañana siguiente le gana, y con ventaja, a una docena de rosas o a entradas a un partido de baloncesto.

1 Calienta 1½ cucharaditas de aceite de oliva en una sartén a fuego mediano-alto. Agrega los tomates, las cebolletas y el ajo. Cocina hasta que las cebolletas se suavicen, alrededor de 3 minutos, y entonces sazona con la sal y la pimienta a gusto. Baja el fuego lo más posible para mantener la salsa tibia y revuelve de cuando en cuando mientras preparas los bistecs y los huevos.

2 Calienta las 3 cucharaditas de aceite restantes con 1 cucharada de la mantequilla en una sartén grande a fuego mediano-alto. Sazona los bistecs con el adobo y pásalos por la sartén hasta que se doren por ambos lados, pero rosados en el centro, de 2 a 3 minutos por cada lado (un poco más si se prefiere la carne bien cocida). Pasa los bistecs a platos individuales y deja aparte.

3 Derrite la cucharada de mantequilla restante en la misma sartén y agrega los huevos. Fríelos hasta que las claras estén bien cocinadas, pero las yemas todavía líquidas, aproximadamente 4 minutos. Cubre cada bistec con la salsa de tomate y coloca cuidadosamente un huevo por encima. Espolvorea con el perejil cortado y sirve.

arepas de choclo

RINDE APROXIMADAMENTE 16 AREPAS

1 bolsa de 16 oz. de granos de maíz congelado o 2 tz. de granos de maíz fresco

1 tz. de leche

2 cdas. de azúcar

¾ de cdta. de sal

Pimienta fresca molida

2 tz. de harina de maíz de textura fina

4 cdas. (media barra) de mantequilla sin sal

Las arepas de choclo son más dulces que las sencillas arepas de harina de maíz blanco. Resultan excelentes en el desayuno con café con leche o acompañadas de queso en la merienda. Cuando quiero darme un gusto, pongo dos rebanadas pequeñas de queso Oaxaca (u otro tipo de queso suave y fresco) entre dos arepas y las pongo a tostar en una sartén hasta que el queso se derrita. ¡Qué pecado! Para obtener arepas pequeñitas, tamaño pasaboca, usa 2 cucharadas de masa para preparar una arepa de unas 2 pulgadas de diámetro. De lo contrario, para hacer una arepa tamaño familiar, usa ¼ de taza de mezcla y luego divide la arepa en cuartos cuando termines de cocinarla.

1 Descongela la bolsa de maíz colocándola en un colador y escurriéndola bajo un chorro de agua fría. Escurre bien y deja aparte durante unos 10 minutos.

2 Pasa el maíz descongelado en la licuadora y redúcelo a puré con la leche, el azúcar, la sal y la pimienta a gusto. Transfiere la mezcla a un tazón mediano y añade la harina de maíz revolviendo hasta obtener una masa suave.

3 Derrite 2 cucharadas de mantequilla en una sartén grande de superficie no adhesiva a fuego mediano-alto. Agrega 3 cucharadas de la masa de arepa y usa el fondo de una espumadera para aplastar y extender la masa en un círculo de 3 a 4 pulgadas de diámetro. Fríe de 2 a 4 arepas a la vez hasta que se doren y estén crujientes por ambos lados, de 8 a 10 minutos en total. Agrega más mantequilla a la sartén (de las 2 cucharadas restantes) al terminar de freír cada grupo de arepas en caso necesario.

todo sobre las arepas

La arepa es un plato típico en muchos países latinoamericanos. En su forma más básica, se hace simplemente a partir de masa arepa, que consiste en harina de maíz tratada con lima, sal y agua. Aunque las arepas son fáciles de preparar en casa, se encuentran cada vez con más frecuencia ya preparadas en la sección refrigerada (junto a las tortillas) de muchos supermercados de Estados Unidos. Las arepas compradas en los supermercados ya vienen cocinadas y solamente hay que calentarlas en el horno o en una sartén antes de servir. Hasta las puedes freír en aceite, como las preparan en la costa colombiana. Quedan crujientes, dulces ¡y sencillamente deliciosas!

La forma de usar la arepa depende de quién la coma. Los venezolanos las convierten en emparedados, rellenas con reina pepiada (la versión venezolana de la ensalada de pollo), o con carne desmenuzada con especias, mientras que los colombianos las usan para acompañar las comidas (en sustitución de las tortillas), o las consumen en el desayuno, untadas con mantequilla o queso campestre suave. Yo no hago distinciones y me gustan de cualquier forma, desde los *Chips* de arepa (ver pág. 56) delgaditos y crujientes, muy comunes en Bogotá, y las arepas con queso, hasta las dulces y nutritivas Arepas de choclo (ver pág. 40) preparadas con maíz y a menudo rellenas con queso Oaxaca. Las arepas de yuca también son muy sabrosas —se preparan con harina de yuca en lugar de maíz y tienen un sabor delicioso, aunque muy diferente.

aperirricos y pasabocas

trato de que cada comida se convierta en una celebración, y las recetas de este capítulo son mis favoritas en mis momentos felices. Cuento con estas rápidas recetas de aperitivos y pasabocas fáciles de preparar para darle un toque festivo a mi hogar todos los días sin excepción, lo mismo si preparo una simple merienda que una celebración a gran escala. Basados principalmente en meriendas tradicionales latinas llamadas bocados, estos pequeños platos sirven lo mismo para saciar que para despertar el apetito.

La buena comida es parte esencial de un acontecimiento realmente fabuloso. Aperitivos coloridos, divertidos y sabrosos dan vida a cualquier celebración, y nada sirve tanto para romper el hielo en una fiesta como colocar ante los invitados una variedad de deliciosos pasabocas. Los sabores intensos y ricos sirven para levantar el ánimo y dar tema de conversación. No pienses que tienen que ser muy elaborados; después de todo, ¿quién tiene tiempo para preparar todo a mano? Las aceitunas y los cacahuetes tostados resultan deliciosos en compañía de las Empanadas de chorizo (ver pág. 58), mientras que las Croquetas de jamón y queso (ver pág. 49) y los Hongos rellenos (ver pág. 55) hacen que una bandeja de queso comprada en la panadería se transforme en un festín. Este tipo de bocaditos deliciosos está hecho para comer con las manos, así que aprende a dominar el arte de balancear un trago en una mano y un bocadito en la otra, y a hacerlo con gracia.

Tengo fama de dar fiestas para cualquier tipo de ocasión y sin motivo alguno. ¿Quién dice que hay que tener una razón para reunir a los amigos y pasar un buen rato? Nada me da más placer que reunirme con amigos y seres queridos simplemente para comer, beber y celebrar. Ya se trate de café y merienda con una amiga o tragos con un grupo grande de amistades, los platos festivos de las próximas páginas enseguida convierten cualquier reunión en una ocasión especial.

vuelve a la vida
(ensalada de cóctel de camarones)

RINDE 4 A 6 PORCIONES

Jugo de 5 limas

¾ de tz. de *ketchup*

1 cdta. de salsa inglesa

½ tz. de agua o vino blanco seco, según se necesite

4 tz. de camarones pequeños cocidos

½ cebolla amarilla, finamente picada

2 aguacates tipo Hass, cortados a la mitad, sin semilla, pelados y cortados en trozos

Salsa picante

Sal y pimienta fresca molida

3 cdas. de hojas de cilantro fresco picadas, para servir

Galletas saladas o pan tostado

Vuelve a la vida es el nombre de esta receta mexicana tradicional, que es un cruce entre una ensalada y un cóctel de camarones. A mí me encanta servirla con galletas saladas, pero puedes acompañarla con cualquier otro tipo de galleta o tostada.

1 En un tazón grande, revuelve el jugo de lima, el *ketchup* y la salsa inglesa. Si la mezcla queda espesa, agrega agua o vino para diluirla. Incorpora los camarones, la cebolla y el aguacate y revuelve hasta que se cubran con la salsa. Sazona con tu salsa picante favorita y con sal y pimienta a gusto.

2 Cubre el tazón con papel plástico de envolver y refrigera hasta el momento de servir. Espolvorea por encima el cilantro picado y sirve la ensalada sobre pan tostado o con galletas saladas como acompañantes.

dip de frijoles negros

RINDE 4 A 6 PORCIONES

2 cdas. de aceite de oliva

1 cebolla amarilla mediana picada

2 dientes de ajo picados

2 latas de 15 oz. de frijoles negros, enjuagados y escurridos

½ cdta. de comino molido

Pimienta roja (opcional)

Sal

1 envase de 6 oz. de yogur sin sabor

2 tomates grandes, descorazonados, sin semillas y picados finamente

½ tz. de hojas de cilantro fresco picado para servir

Este *dip* es mucho mejor que el enlatado insípido. Sírvelo en un tazón rodeado de *chips* o jícama cortada en ruedas o úntalo sobre pan tostado para obtener una *bruschetta* de frijoles negros. Es tan fácil de hacer que vas a prepararlo a menudo, y como se conserva muy bien congelado, es el perfecto aperitivo de "emergencia" cuando te llegan invitados inesperados.

1 Calienta el aceite de oliva en una sartén grande a fuego mediano-alto durante 1 minuto. Agrega la cebolla y el ajo y deja cocer, revolviendo de cuando en cuando, hasta que la cebolla se suavice, aproximadamente 2 minutos. Pasa la mezcla de cebolla a una licuadora o procesador de alimentos junto con los frijoles escurridos, el comino, la pimienta y la sal, empujando la mezcla hacia el fondo de la licuadora si fuera necesario. (Si el puré queda muy espeso, agrega de 1 a 2 cucharadas de agua o caldo de pollo para facilitar la mezcla de ingredientes y suavizar el puré.)

2 Transfiere el puré a un tazón e incorpora el yogur y los tomates cortados. Sirve inmediatamente. Si deseas, puedes refrigerarlo hasta por 3 días, cubierto con papel plástico de envolver. En este caso, deja que recupere la temperatura ambiente antes de servir. Espolvorea con cilantro picado antes de servir.

consejito delicioso: Congela las sobras del *dip* en porciones de media taza en bolsas plásticas de refrigerar de cierre hermético. Descongela una porción, caliéntala con un poco de agua o caldo de pollo ¡y tendrás una sopa instantánea!

tortilla española sencilla

RINDE 4 A 6 PORCIONES

½ tz. de aceite de oliva

4 papas grandes, peladas y cortadas en trozos de ⅛ de pulgada de grosor

½ cebolla amarilla grande, picada

6 huevos grandes

¼ de tz. de leche

Sal y pimienta fresca molida

Perejil fresco de hoja plana, picado, para decorar

consejito delicioso: La tortilla española es un plato ideal para servir en fiestas o *picnics* ya que no hay que calentarla antes de servir. Ahorra la mitad del tiempo de preparación, comprando las papas congeladas, ya peladas y en trozos, en lugar de pelarlas y cortarlas tú misma.

La tortilla española es básicamente una *omelette* con papas. En España la llaman tortilla de patatas o tortilla española y se sirve en cualquier momento del día, sola o como tapa. No la confundas con la tortilla plana mexicana. ¡No podrían ser más diferentes!

1 Calienta el aceite de oliva en una sartén de 10 pulgadas de diámetro a fuego mediano-alto durante 1 minuto. Reduce el fuego a mediano y agrega los trozos de papa, unos cuantos a la vez para que no se peguen. Incorpora la cebolla y deja cocer, revolviendo de vez en cuando, hasta que las papas se suavicen y la cebolla se dore (pero que no se queme), aproximadamente 10 minutos. Dentro de tu fregadero coloca un tazón y sobre él un colador, por el que colarás la mezcla de papa y cebollas. Deja escurrir y conserva el aceite.

2 En un tazón grande, bate los huevos, la leche, la sal y la pimienta. Incorpora las papas y las cebollas a la mezcla de huevo y revuelve hasta que los ingredientes queden bien mezclados. Deja reposar unos 15 minutos para que las papas le pasen al huevo un poco de almidón.

3 Calienta 3 cucharadas del aceite reservado en una sartén mediana de superficie no adhesiva, a fuego mediano-alto por 1 minuto. Agrega la mezcla de huevo, moviendo la sartén en un movimiento circular para distribuirla de forma pareja. Reduce el fuego a mediano-bajo y sacude la sartén para evitar que se pegue el contenido al fondo de la sartén. Deja cocer la tortilla durante unos 5 minutos o hasta que las papas del fondo comiencen a tomar un tono dorado. Coloca un plato grande sobre la sartén y voltéala. La tortilla debe salir fácilmente. Agrega una cucharada del aceite reservado a la sartén y desliza de nuevo la tortilla dentro para cocinar por el otro lado, hasta que se dore, aproximadamente 5 minutos.

4 Apaga el fuego y pasa la sartén a otra hornilla hasta que llegue a temperatura ambiente. Transfiere la tortilla a un plato de servir, espolvorea con perejil y sirve a temperatura ambiente cortada en cuadritos o en triángulos.

croquetas de jamón y queso

RINDE 8 CROQUETAS

2 cdas. de mantequilla sin sal

¼ de tz. de harina común

1 tz. de leche

4 oz. de jamón finamente picado

1 tz. de queso desmenuzado, tipo *Gruyère* o *pepper Jack*

¼ de cdta. de nuez moscada rallada

1¼ tz. de pan rallado

1 huevo grande

1 tz. de aceite vegetal o de canola para freír

Mermelada de higos para mojar

consejito delicioso: La combinación de la mermelada de higo con el queso es divina, pero si no puedes encontrar mermelada de higo, sírvelas con trocitos de dulce de guayaba para obtener un contraste similar de sabores.

Las croquetas me recuerdan las cafeterías de La Pequeña Habana en Miami. En ellas se sirve este adictivo plato con un café *espresso* o un cortadito cubierto de espuma. Las croquetas se preparan casi siempre sólo con jamón, pero me gusta añadir queso a las mías para que queden más ricas. Ten en cuenta que la masa de las croquetas debe reposar en el refrigerador por lo menos 4 horas antes de darles forma y freírlas.

1 Derrite la mantequilla en una sartén mediana a fuego mediano-alto. Retira la sartén del fuego e incorpora la harina, revolviendo para formar una pasta. Pon la sartén de nuevo al fuego y gradualmente añade la leche, revolviendo constantemente hasta que la mezcla quede suave y pareja. Deja que la mezcla se cocine hasta que esté muy espesa, de 3 a 5 minutos

2 Agrega el jamón, el queso y la nuez moscada y deja cocer hasta que la mezcla se despegue de los costados y el fondo de la sartén, de 5 a 7 minutos. Transfiérela a un tazón y deja enfriar a temperatura ambiente, cúbrela entonces con papel plástico de envolver y refrigera al menos durante 4 horas o hasta el día siguiente.

3 Cuando estés lista para servir, precalienta el horno a 350°F.

4 Echa el pan rallado sobre un plato llano. Bate el huevo junto con 1 cucharada de agua en un tazón mediano. Toma una porción de masa, del tamaño de una nuez más o menos, y forma con ella un cilindro de 2 pulgadas de largo. Repite con el resto de la masa hasta formar las 8 croquetas. Pasa cada una por el pan rallado y luego por la mezcla de huevo cubriéndola de forma pareja. Coloca las croquetas empanadas sobre una bandeja o plancha para horno.

5 Calienta el aceite en una sartén grande hasta que esté bien caliente y humeante. Añade unas cuantas croquetas (no lo rellenes demasiado para que el aceite no se enfríe y las croquetas no queden grasosas). Fríelas, dándoles la vuelta hasta que se doren por todos lados, de 5 a 7 minutos. Transfiere las croquetas cocinadas a un plato cubierto con papel toalla y mantenlas calientes en el horno mientras fríes el resto. Sírvelas calentitas con mermelada de higo a un lado para mojar.

bruschetta de tomate y mango

RINDE DE 8 A 10 PORCIONES

2 tomates amarillos, descorazonados y picados

1 tomate rojo, descorazonado y picado

1 mango pelado y la pulpa cortada en trocitos

1 cebolla roja pequeña picada finamente

1½ cdtas. de vinagre balsámico

1 cda. de aceite de oliva extra virgen, más una cantidad extra para salpicar

½ tz. de hojas frescas de cilantro o albahaca

Sal gruesa y pimienta fresca molida

1 hogaza de pan francés cortada en rebanadas finas, o pan cubano cortado en rebanadas finas

3 dientes de ajo cortados por la mitad

Esta receta es a prueba de fallos. En ella se combinan mis sabores y colores favoritos, y siempre que la preparo mis invitados me felicitan. Las *bruschettas* se ven espectaculares en el bufé de un *brunch,* o en una bandeja con otras picaditas. Si tienes una parrilla, tuesta en ella el pan en lugar de usar el horno para lograr un mayor contraste de sabores. Siempre he creído que comemos con los ojos, por lo que uso tomates amarillos para que el colorido de la cubierta sea más atractivo. Si no los encuentras, usa entonces tomates rojos. Para que la cubierta de las *bruschettas* te rinda más, corta el pan francés en ruedas en lugar de rebanadas diagonales. Así las ruedas tienen una superficie más pequeña que cubrir.

1 Precalienta el horno a 400°F. En un tazón mediano combina los tomates, el mango, la cebolla, el vinagre balsámico, el aceite, el cilantro (o albahaca), sal y pimienta a gusto. Mezcla bien los ingredientes y deja aparte.

2 Coloca las ruedas de pan en una plancha para horno y tuesta en el horno de 8 a 10 minutos, volteando las ruedas a mitad de cocción, hasta que ambos lados estén ligeramente dorados. Frota los dientes de ajo sobre las tostadas. Cubre cada una con una cucharada colmada de la mezcla de tomate y mango. Distribuye las *bruschettas* en una fuente. Salpícalas con aceite de oliva y sirve inmediatamente.

consejito delicioso: Para picar el mango de forma más fácil, recorta un pedazo de ½ pulgada de ambos extremos. Sostén el mango verticalmente y con un pelador de vegetales elimina la cáscara. Pela las dos superficies laterales primero y luego corta la pulpa en rebanadas que reducirás a cubitos. Ten en cuenta que la fruta se torna más fibrosa alrededor de la semilla.

guacamole con tocino

RINDE 6 PORCIONES

8 a 10 tiras de tocino (aproximadamente ½ lb.)

3 aguacates medianos tipo Hass, pelados, sin semilla y cortados por la mitad

1 tomate descorazonado, sin semillas y picado

1 cebolla roja pequeña picada finamente

2 chiles serranos finamente picados (sin semillas ni nervaduras para reducir el picante)

3 cdas. de cilantro fresco picadito

3 cdas. de jugo de lima fresco (el jugo de aproximadamente 1½ limas)

Sal

El guacamole me hace sentir feliz porque lo preparo siempre para compartirlo entre amigos. El tocino le da nueva vida a esta receta tradicional, pero omítelo si prefieres el igualmente adictivo guacamole clásico. Sírvelo con *chips* de tortilla de maíz de color claro y más oscuro para una presentación más bonita.

1 Calienta una sartén grande a fuego mediano-alto. Agrega el tocino y deja cocinar hasta que las tiras se doren y pongan crujientes, de 7 a 10 minutos en total. Pasa el tocino a una fuente cubierta con papel toalla y deja enfriar completamente. Corta entonces el tocino en cuadraditos y deja aparte.

2 En un tazón mediano, aplasta los aguacates con un tenedor hasta obtener una masa más o menos suave. Agrega el tocino cortado. Seca el tomate cortado con papel toalla y agrega a la mezcla anterior. Incorpora con cuidado la cebolla, los chiles, el cilantro y el jugo de lima. Prueba y agrega sal si fuera necesario, ya que el tocino de por sí le da sabor salado.

consejito delicioso: Si quieres añadir la textura y el sabor del tomate cortado al guacamole, una *omelette*, o un emparedado, pero no el jugo que desprende, seca el tomate picado con papel toalla antes de usar en la receta.

cascos de guayaba rellenos de queso aromatizado con hierbas

RINDE 6 PORCIONES

1 lata de 15 oz. de cascos de guayaba, escurridos y secados con papel toalla

6 oz. de queso de cabra, queso campesino o queso crema, a temperatura ambiente

1 cdta. de sal de ajo o 1 cda. de cebolleta picada finamente

1 cda. de orégano seco

1 cda. de albahaca seca

1 cda. de cebollinos o cebolletas frescos finamente picados

Son tan deliciosos que nadie adivinaría que toman sólo minutos para preparar, ¡ni se lo digo tampoco! La mezcla de guayaba y queso es una combinación típica en Sudamérica con la que juego aquí. Como el sabor del ajo fresco en el relleno me parece muy fuerte, lo sustituyo por sal de ajo. Si no te gusta la sal de ajo, puedes usar cebolletas picadas en su lugar. Los cascos de guayaba se compran enlatados y son suaves, dulces y ligeramente más pequeños que la mitad de una pera. La dulzura de la guayaba y lo salado del queso forman una pareja elegante y deslumbrante al paladar.

1 Distribuye los cascos de guayaba en una fuente para servir. Echa el queso en un tazón y agrégale la sal de ajo, el orégano y la albahaca.

2 Con una cuchara pequeña, rellena cada casco con la mezcla de queso y espolvorea con cebollinos picaditos. Sirve a temperatura ambiente, preferiblemente en una fuente especial para servir huevos rellenos o caracoles, ya que las cavidades resultan perfectas para sostener los cascos de guayaba en su sitio.

consejito delicioso: Convierte una bolsa plástica en manga de repostería para obtener una presentación más elaborada. Vierte la mezcla cremosa (ya sea de queso con hierbas aromáticas, un paté o la cubierta dulce de un pastel) en una bolsa plástica de cierre hermético. Con las tijeras, corta una pequeña V invertida en un extremo de la bolsa y presiona para sacar la masa de forma estriada.

ceviche de hongos

RINDE 6 PORCIONES

¾ partes de una cebolla roja o blanca pequeña, finamente picada

Sal

18 hongos blancos o marrones, limpios y finamente picados

¾ de tz. de hojas de cilantro frescas, más una cantidad extra para decorar

1 jalapeño (sin semilla ni nervaduras para reducir el picante), cortado en trocitos (opcional)

⅔ de tz. de jugo de limón (extraído de 2½ limones), más un limón adicional cortado en cuñas para decorar

Pimienta fresca molida

Aunque este ceviche ligero lleva muy pocos ingredientes, su sabor es sorprendentemente intenso y delicioso. Sírvelo en platos o vasos pequeños. También puede usarse como guarnición.

1 Espolvorea la cebolla picadita con varias pizcas de sal y deja aparte durante 10 minutos (para que la cebolla pierda un poco la intensidad).

2 Combina los hongos, la cebolla, el cilantro, el jalapeño (si lo vas a usar), y el jugo de limón en un tazón mediano. Añade sal y pimienta a gusto, cubre con papel plástico de envolver y refrigera al menos durante 30 minutos o hasta el día siguiente (deja que tome temperatura ambiente antes de servir). Espolvorea el ceviche con unas cuantas hojas de cilantro y sirve con cuñas de limón.

hongos rellenos

RINDE 8 PORCIONES

1 paquete de 8 oz. de queso crema suavizado

¼ de lb. de jamón (preferiblemente serrano), finamente picado

1 cdta. de hojas frescas de tomillo

Sal

1¼ lbs. (2 cajas de 10 oz.) de hongos blancos, limpios y sin los tallos

½ lb. de uvas verdes sin semilla

2 cdas. de mantequilla sin sal derretida

¼ de tz. de queso parmesano rallado

Nunca me gustaron los hongos rellenos porque casi siempre encontraba que el relleno era muy pesado y de poco sabor. ¡Pero éstos no! La combinación de jamón serrano y el queso parmesano resulta increíble. Quedan suaves, jugosos y dulzones gracias a las uvas, mientras que el queso los deja ligeramente crujientes y salados por encima.

1 En un tazón pequeño, mezcla el queso crema con el jamón, el tomillo y la sal hasta que se unan bien.

2 Coloca los hongos con el fondo hacia arriba en una plancha para horno con borde. Coloca una uva sobre cada hongo.

3 Encima de la uva, pon una cucharada de la mezcla de queso crema. Vierte por encima la mantequilla derretida y espolvorea con el queso parmesano rallado. Cubre con papel plástico de envolver y refrigera al menos durante 30 minutos o hasta el otro día para que se endurezca el relleno.

4 Precalienta el horno a 400°F.

5 Hornea los hongos rellenos hasta que se dore el queso, de 8 a 10 minutos y sírvelos calientes.

chips de arepa

RINDE 6 A 8 PORCIONES

1 tz. de masa arepa o masa harina P.A.N. (consulta la sección "La despensa deliciosa", pág. 10)

1 tz. de agua tibia

1 cdta. de aceite de oliva

Sal gruesa

Cuando pruebes los *chips* de arepa te vas a olvidar de los *chips* de papa. En muchos países de América Latina, las arepas son el pan de cada día. Cada país y región tiene su propia versión, con variaciones de sabor y textura según el tipo de harina con que se preparen, el grosor o el largo que alcancen. Por supuesto que existe un gran debate sobre cuál es mejor. Mis favoritas son las delgaditas y crujientes que se preparan en Bogotá: decidida- mente adictivas. Siempre hago una horneada grande con la intención de comer una parte y refrigerar el resto, ¡pero termino devorándomelas todas! Guarda las arepas sobrantes en un recipiente hermético junto a una rebanada de pan. Ésta les añade un poco de humedad y así no se quiebran con tanta facilidad.

1 Precalienta el horno a 400°F. Cubre una plancha para horno con papel encerado.

2 Combina la masa arepa con el agua tibia y el aceite de oliva en un tazón mediano y mezcla hasta que la masa adquiera consis- tencia y pueda formarse con ella una bola. Divide en 3 partes iguales y enrolla cada una entre dos pedazos de papel plástico de envolver hasta que la masa tenga ½ pulgada o menos de espesor. Con un cortador de galletas de 1½ pulgadas, corta la masa en redondeles pequeños. Luego, con una espátula, pasa los redondeles a la plancha para horno. Espolvorea las arepas con una pizca de sal.

3 Hornea los *chips* de arepa durante por lo menos 20 minutos o hasta que empiecen a dorarse. Déjalos enfriar sobre la plancha y sírvelos o guárdalos en un recipiente hermético en el que se conser- van hasta por 2 días.

PARA OBTENER *CHIPS* DE AREPA GRANDES. Si cortas la masa en círculos grandes, éstos servirán como una excelente base para cubiertas de Ensalada de cangrejo (ver pág. 57). Usa un cortador de galletas de 4 pulgadas para cortar la masa en unos 16 discos. Hornea las arepas hasta que estén crujientes y doradas. Deja aparte hasta que se enfríen completamente.

arepas de cangrejo

RINDE 8 PORCIONES

1½ tz. de trozos de cangrejo, escurridos y sin pedazos de caparazón y cartílago

¾ de tz. de crema agria

6 cebolletas, partes blanca y verde claro solamente, finamente picadas

1 cebolla roja pequeña, finamente picada

2 cdas. de ají amarillo picado (o 2 cdas. de pimiento rojo o amarillo asado y cortado en trocitos más ½ cda. de pimienta de Cayena)

½ cdta. de pimienta de Cayena

½ cdta. de pimienta negra fresca molida

Sal

16 *Chips* de arepa (ver pág. 56)

Huevas de salmón o caviar rojo para adornar (opcional)

Hechas con *chips* grandes de arepa, las arepas de cangrejo son de los mejores platos festivos. En vez del cangrejo, puedes usar camarones previamente cocinados o incluso langosta si quieres lucirte. Y como broche de oro, ¡anímate a decorarlas con huevas de salmón o caviar! Te aconsejamos dónde conseguir el ají amarillo en la sección "La despensa deliciosa", página 10. Una barra de pan francés, rebanada y tostada puede ser un excelente sustituto de la arepa.

1 Pon los trozos de cangrejo en un tazón mediano. Agrega la crema agria, casi toda la cebolleta picada (reserva una parte para decorar), la cebolla roja, el ají amarillo (o los pimientos asados), la pimienta de Cayena y la pimienta negra, y mezcla suavemente hasta que todos los ingredientes se combinen bien. Sazona a gusto con sal, cubre con papel plástico de envolver y refrigera hasta que se enfríe, durante 30 minutos o hasta 4 horas antes de servir.

2 Cubre cada *chip* de arepa con una cucharada de la mezcla de cangrejo. Decora con la cebolleta reservada, las huevas de salmón o caviar y sirve.

consejito delicioso: Almacena masa de arepa congelada. Puedes descongelarla en el refrigerador durante toda la noche y cortarla en formas divertidas con cortadores de galletas al día siguiente. Úsala en lugar de pan tostado al preparar *bruschettas*.

empanadas de chorizo

RINDE 20 EMPANADAS

2 huevos grandes

12 oz. de chorizo, sin la piel

1 cebolla amarilla picada

1 tz. de pasas blancas

La clara de un huevo grande

Una pizca de sal

20 discos de masa de empanada descongelados (aproximadamente 2 paquetes de 10 oz.)

Salsa de ají (ver pág. 102) para servir

consejito delicioso: Para preparar empanadas pequeñitas, tipo pasabocas, recorta los círculos más pequeños con un cortador chico de masa de galletas y usa menor cantidad de relleno en cada uno. Reduce el tiempo de cocción de 5 a 10 minutos.

La empanada es la contraparte latinoamericana de la hamburguesa. Según la leyenda, las empanadas se originaron en el Medio Oriente y fueron llevadas al Nuevo Mundo por los españoles. Prefiero utilizar chorizo natural si puedo encontrarlo, ya que no contiene ni tintes ni preservativos químicos, aunque tiende a ser un poco menos salado que el chorizo tradicional. La masa de la empanada se encuentra en las bodegas latinas, pero puedes sustituirla por tres hojas de masa de hojaldre descongelada (vienen dos hojas en cada caja), pero esto le cambiará la textura a la empanada.

1 Precalienta el horno a 350°F. Cubre dos planchas para horno con papel engrasado y deja aparte.

2 Coloca los huevos enteros en una cacerola mediana cubiertos con agua. Deja hervir el agua, tapa la cacerola y apaga el fuego. Deja los huevos en el agua caliente durante 10 minutos, entonces escúrrelos y deja aparte para que se enfríen completamente. Cuando estén fríos, pélalos y córtalos. Deja aparte.

3 Calienta una sartén mediana a fuego mediano-alto durante 1 minuto. Agrega el chorizo y la cebolla (no necesitas aceite adicional, el chorizo suelta el suficiente como para freír la cebolla), y deja cocinar hasta que la cebolla se suavice, aproximadamente 2 minutos. Agrega las pasas, reduce el fuego a mediano y deja cocer hasta que el chorizo esté bien cocinado, aproximadamente 5 minutos. (Parte el chorizo en pequeños trozos con una cuchara de madera mientras se cocina.)

4 Bate la clara de huevo con ½ cucharada de agua y la sal en un recipiente pequeño y deja aparte. Con una brocha de cocina, pasa la clara batida sobre los discos de masa. Coloca una cucharada del relleno de chorizo y unos trocitos del huevo cocido sobre cada círculo de masa. Dobla el otro extremo de la masa a la mitad sobre el relleno y presiona los bordes para cerrar y sellar el relleno. Distribuye las empanadas sobre la plancha para horno y con la brocha, cúbrelas con la clara de huevo batida. Hornea hasta que se doren, de 25 a 30 minutos. Sirve tibias o a temperatura ambiente acompañadas con la salsa de ají.

ensaladas y emparedados

No importa lo ocupada que esté, siempre hago un alto a mediodía para comer. El almuerzo es alimento para el cerebro; sencillamente no puedo saltarme esta comida (¿y por qué hacerlo cuando hay tantos platos deliciosos que probar?). Además, como tengo el resto del día para quemar calorías, como abundantemente.

Cuando iba a la escuela, en lugar de concentrarme en la materia, me ponía a soñar con el almuerzo. En muchos hogares latinos, el almuerzo es la comida mas importante, y el nuestro no era una excepción. La familia entera se reunía para comer arroz con pollo o croquetas de pescado. Hasta el día de hoy, mi madre todavía me recuerda que cuando me recogía del colegio al mediodía en lugar de saludarla diciendo "¡Hola, Mami!", le preguntaba: "¿Qué vamos a almorzar?".

Las cosas no han cambiado mucho desde entonces. Cuando estoy filmando, mi día comienza a las 5 a.m. Ya para las 10 me estoy muriendo de hambre y lo único que me mantiene durante lo que queda de la mañana es pensar en el almuerzo. Claro que en estos días el almuerzo consiste en una deliciosa ensalada o un emparedado muy cargado en lugar de los sustanciosos almuerzos que preparaba mi madre. Como no puedo darme el lujo de ir a casa durante el almuerzo, me concentro en alimentos que se puedan transportar bien y se pueden comer al momento.

Empaca un Emparedado de pollo, queso y pesto (ver pág. 86) para el almuerzo, lleva una Ensalada de papaya y queso *feta* (ver pág. 71) a un picnic, o durante tu próximo viaje en avión lleva contigo un poco de Ensalada dorada de quinoa (ver pág. 74) en un recipiente plástico como una saludable opción al menú de vuelo. Si no quieres complicarte demasiado durante el almuerzo, te recomiendo los Tacos de "chicharrones" de pescado con salsa tártara de chipotle (ver pág. 82) o una de mis recetas favoritas, los Aguacates deliciosos rellenos de camarones y lichi (ver pág. 76).

ensalada de remolacha chiquitita

RINDE 4 PORCIONES

12 remolachas pequeñas y tiernas o 6 grandes (corta los extremos superior e inferior)

2 naranjas

¼ cebolla española pequeña, cortada por la mitad a lo largo y luego cortadas en rebanadas finas

¼ de tz. de aceitunas negras cortadas en rodajitas

10 hojas de menta fresca cortadas en trozos grandes

Sal y pimienta fresca molida

Aceite de oliva extra virgen

1 cda. de jugo de lima (extraído de aproximadamente ½ lima)

consejito delicioso:
¿Sabes cuál es el secreto para lograr un bronceado como el de las cariocas de Río de Janeiro? Pues durante aproximadamente dos semanas antes de un viaje o vacaciones en la playa, come diariamente remolachas y bebe un vaso de jugo de zanahorias y remolacha. ¡Verás el resultado!

Ay chiquita —¡tú, la del color vibrante y las texturas y los sabores jugosos, dulces, intensos y salados! Esta es una de mis ensaladas favoritas porque es saludable y deliciosa. Si no tienes tiempo de asar la remolacha en casa, prepárala con una lata de 14 onzas de ruedas de remolacha escurridas. Pero si prefieres hacerlo todo tú misma, necesitarás un par de guantes de goma para proteger las manos y las uñas de las manchas de remolacha.

1 Precalienta el horno a 400°F.

2 Si usas las remolachas pequeñas y tiernas, envuelve de 3 a 4 remolachas juntas con papel de aluminio y colócalas sobre una plancha para horno. Si usas remolachas grandes, envuélvelas individualmente con papel de aluminio y entonces colócalas sobre la plancha para horno. Asa las remolachas hasta que se suavicen y puedas introducir un cuchillo afilado hasta el centro con facilidad, alrededor de 20 minutos para las pequeñas y 45 minutos para las grandes. Sácalas del horno y, una vez que se enfríen lo suficiente para manipularlas, abre los paquetes de papel aluminio y deja enfriar completamente.

3 Mientras tanto, pela las naranjas y separa los segmentos, eliminando todas las nervaduras blancas. Coloca los segmentos de naranja en un tazón grande con la cebolla, las aceitunas y la menta.

4 Retira la piel de las remolachas y córtalas en rebanadas de ¼ de pulgada de grosor (si utilizas remolachas grandes, córtalas por la mitad y luego rebánalas). Añádelas al tazón con las naranjas y sazona con sal y pimienta a gusto. Entonces vierte por encima el jugo de lima y un poco de aceite de oliva. Revuelve y sirve inmediatamente.

ensalada de rúcula, aguacate e hinojo

RINDE PORCIONES 4 A 6

2 aguacates medianos de tipo Hass

2 cdas. de jugo de limón (extraído de aproximadamente ½ limón)

1 bulbo de hinojo (elimina las hojas, la capa superior y el centro) cortado en rueditas muy finas

½ cebolla roja pequeña cortada en rodajas finas

8 tz. de rúcula lavada y seca (elimina cualquier tallo largo y duro)

½ tz. de hojas de cilantro fresco picado

¼ de tz. de aceite de oliva extra virgen

Sal gruesa y pimienta fresca molida

Soy una chica de todo o nada. Durante muchos años el hinojo y yo no fuimos buenos amigos. De pronto, un día desperté y me encantó. Desde entonces soy su admiradora. Queda muy bien en esta ensalada, cortado en rodajas muy delgaditas. Si no tienes un cortador de cocina, te recomiendo que lo piques tan finamente como puedas con un cuchillo bien afilado. Agrega una cucharada de jugo de naranja al aderezo y un puñado de piñones tostados para que quede con más sabor y textura. Rocía los aguacates y el hinojo con un poco de jugo de limón para que no se oscurezcan.

1 Corta los aguacates por la mitad, pélalos y córtalos en lascas. Ponlos en un tazón pequeño. Salpica con 1 cucharada del jugo de limón y revuelve para que todo se impregne bien. Agrega el hinojo, la cebolla y la cucharada restante de jugo. Mezcla con cuidado los ingredientes.

2 Coloca las hojas de rúcula, el cilantro, el aceite de oliva, la sal y la pimienta en un tazón grande. Incorpora la mezcla de aguacates e hinojo y mezcla todo bien. Sirve inmediatamente.

ensalada de palmitos

RINDE 6 A 8 PORCIONES

1 mazorca de maíz, sin las hojas

4 tomates medianos, descorazonados, cortados por la mitad y finamente cortados en rodajitas

2 tz. de hojas de perejil de hoja plana finamente picadas

1 lata de 14 oz. de palmitos enjuagados, escurridos y cortados en rodajas de ½ pulgada de grosor

Aceite de oliva extra virgen

Sal y pimienta fresca molida

6 hojas de achicoria para servir

Cuñas de lima para servir

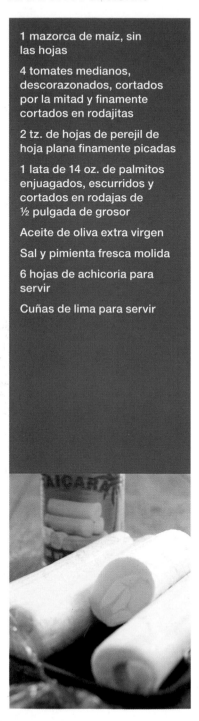

Más rápida, ¡imposible! Si necesitas gratificación instantánea, olvídate de tostar la mazorca y desprender los granos de maíz. En su lugar utiliza ⅔ de taza de granos de maíz que se compran congelados.

1 Precalienta el asador a nivel alto. Coloca la mazorca en una plancha para horno asa bajo el asador, dando la vuelta a la mazorca cada 2 minutos, más o menos, hasta que toda la superficie se tueste y queme un poco, de 6 a 8 minutos. Deja enfriar la mazorca y entonces separa los granos de maíz con la ayuda de un cuchillo.

2 Coloca los granos de maíz, los tomates, el perejil y los palmitos en un tazón grande. Salpica con aceite de oliva, sazona con sal y pimienta y revuelve bien. Con una cuchara, vierte la ensalada sobre las hojas de achicoria que le servirán de "copa" y sirve con cuñas de lima.

ensalada de mango, jícama y rábano con aderezo de maní

RINDE 4 A 6 PORCIONES

3 cdas. de mantequilla de maní cremosa

¼ de tz. de jugo de lima (extraído de aproximadamente 2 limas)

2 cdas. de azúcar moreno

2 cdas. de aceite de canola o aceite vegetal

Sal

8 rábanos grandes, cortados por la mitad a lo largo y luego en ruedas finas a lo ancho

6 tz. de hojas de ensalada tiernas, lavadas y secas

1 mango grande o 2 medianos, pelados y la pulpa cortada en cubitos (ver pág. 50)

2 tz. de jícama pelada y cortada en cubitos de ½ pulgada

¼ de tz. de hojas de cilantro fresco

La jícama es dulce y de textura firme, una especie de cruce entre la manzana y la castaña. Es oriunda de México y crece bajo la tierra. Lo mejor de todo es que no se decolora al picarla, por lo que resulta fantástica en ensaladas. Si no la encuentras en tu supermercado, sustitúyela por una manzana verde, pelada y cortada en tiras finas que debes salpicar con jugo de lima para que no se oscurezca. Es una ensalada perfecta para los niños porque queda dulzona, crujiente y con sabor a maní.

1 Bate la mantequilla de maní y el jugo de lima en un tazón mediano hasta que se forme una masa suave. Agrega el azúcar moreno, el aceite, sal a gusto y bate hasta que los ingredientes se mezclen bien. Agrega suficiente agua para aligerar la salsa y darle consistencia de aderezo, de 2 a 3 cucharadas.

2 En un tazón grande, echa los rábanos, las hojas para ensalada, los cubitos de mango y de jícama más el cilantro y mezcla bien. Salpica con el aderezo cubriendo todo bien y sirve.

ensalada de espinacas, fresas y chayote
con aderezo *hello kitty*

RINDE 4 PORCIONES

3 cdas. de leche condensada endulzada

3 a 4 cdas. de vinagre blanco

Sal y pimienta fresca molida

10 oz. de espinaca tierna

12 fresas lavadas, sin los tallos y cortadas a lo largo

1 chayote pelado, cortado por la mitad, sin semillas y picado en tiras delgaditas

Esta ensalada me recuerda a *Hello Kitty*: es dulce, juguetona y muy femenina. Aunque te parezca un poco extraño, un aderezo de ensalada endulzado con leche condensada sabe riquísimo. Si no puedes encontrar el chayote, sustitúyelo por calabacines o calabaza amarilla. Asegúrate de lavar bien las espinacas, incluso las que se compran en paquetes previamente lavados. Coloca las hojas en un tazón grande y cúbrelas con agua fría. Revuelve las hojas, retíralas y ponlas aparte. Descarta el agua sucia, vuelve a poner las hojas de espinaca en el tazón y repite la operación tantas veces como sea necesario hasta que el agua salga completamente limpia de impurezas.

1 Bate la leche condensada, el vinagre (puedes añadir más a gusto), sal y pimienta a gusto en un tazón pequeño.

2 Pon las hojas de espinaca en un tazón grande. Incorpora las fresas, el chayote y el aderezo y revuelve para que todo se mezcle bien. Sirve inmediatamente.

ensalada de papaya y queso *feta*

RINDE 4 PORCIONES

6 tz. de trocitos de papaya pelada y sin semillas (una papaya grande aproximadamente)

½ tz. de hojas de menta fresca picadas

3 cdas. de aceite de oliva extra virgen

2 cdas. de jugo de lima (extraído de 1 lima)

1 cda. de miel

Sal y pimienta molida fresca

1 tz. de queso *feta* desmenuzado

½ cebolla roja cortada en rodajas muy finas

Me gusta añadir un toque exótico a la vida diaria y esta ensalada cumple ese rol a las mil maravillas. Aunque parezca poco común combinar frutas con queso salado, créeme que esta ensalada queda muy sabrosa y refrescante. Pruébala con pescado a la parrilla, idealmente servida en una mesa con vistas al mar, con la brisa marina refrescándote de un caluroso día de verano.

1 Vierte los trocitos de papaya y las hojas de menta en un tazón mediano. Bate el aceite de oliva, el jugo de lima, la miel, un poco de sal (añade poca sal al principio ya que el queso *feta* es muy salado, siempre puedes añadir más al final) y la pimienta en un tazón pequeño. Vierte el aderezo sobre la papaya y revuelve para que los trozos se impregnen bien.

2 Divide la ensalada en cuatro platos, espolvorea las porciones con el queso, pon encima la cebolla roja y la pimienta a gusto, y sirve.

ensalada de pasta cremosa a la latina

RINDE 6 A 8 PORCIONES

12 oz. de pasta *rotini* (¾ partes de una caja de 16 oz.)

½ tz. de leche evaporada

¼ de tz. de aceite de oliva extra virgen

1 tz. de queso *feta* desmenuzado

½ tz. de hojas de cilantro fresco

2 cdas. de jugo de lima (extraído de 1 lima)

Sal y pimienta fresca molida

1 tz. de jamón picado en cubitos pequeños

1 pimiento naranja (sin semillas ni nervaduras blancas por dentro) picado en trozos

1 pimiento rojo (sin semillas ni nervaduras blancas por dentro) picado en trozos

¾ de tz. de arvejas verdes compradas en paquetes congelados (mídelas ya descongeladas)

½ cebolla roja picada finamente

½ tz. de apio picado o jícama pelada y cortada

½ tz. de aceitunas rellenas con pimiento

Cada una de nosotras tiene un secreto para preparar un determinado plato. Cuando se trata de esta cremosa ensalada de pasta, mi secreto —hasta ahora— es muy sencillo: ¡leche evaporada! Prepara esta ensalada para ti y verás que cumplirá con todas tus expectativas. El queso *feta* le añade un sabor salado, así que pruébala antes de corregir el punto de sal —es posible que no necesites añadirle sal en absoluto.

1 Pon a hervir agua salada en una cacerola grande. Agrega la pasta y deja que se cocine un poco más que *al dente*, de 14 a 15 minutos. Escurre la pasta, pasa a un tazón grande y deja aparte.

2 Mientras la pasta se cocina, mezcla la leche evaporada, el aceite de oliva, el queso, el cilantro, el jugo de lima, algo de sal y pimienta en la licuadora y reduce a puré. Licúa hasta que la mezcla quede suave y cremosa. Deja aparte.

3 Agrega el jamón, los pimientos, las arvejas, la cebolla, la jícama (o apio) y las aceitunas a la pasta escurrida. Vierte el aderezo sobre la pasta y mezcla todo bien. Cubre con papel plástico de envolver y refrigera al menos durante 30 minutos o hasta 2 horas antes de servir.

ensalada bikini de frijoles colorados

RINDE 4 A 6 PORCIONES

2 tz. de frijoles colorados remojados durante toda una noche o 2 latas de 16 oz. de frijoles colorados escurridos

2 tallos de apio finamente picados

1 tomate grande maduro cortado por la mitad, descorazonado y picado

½ tz. de pepino dulce encurtido picadito

½ cebolla roja o amarilla pequeña cortada en rodajas finas

½ tz. de aceite de oliva extra virgen

¼ de tz. de vinagre de sidra

1 cdta. de hojas frescas de orégano finamente picado

1 cdta. de salsa inglesa

1 cdta. de azúcar

½ cdta. de clavos de olor molidos

½ cdta. de pimentón dulce

Sal y pimienta fresca molida

Mi mamá preparaba esta ensalada siempre que íbamos a la playa. Paseábamos en bote, hacíamos una barbacoa y tomábamos el sol en bikini. Siempre que he comido esta ensalada he tenido la playa como telón de fondo. Mami la preparaba con frijoles que ponía a remojar toda la noche, pero yo hago trampa y uso frijoles de lata.

1 Si utilizas los frijoles colorados en remojo, elimina el agua del remojo, escúrrelos y pásalos a una cacerola grande. Cúbrelos con agua fresca y ponla a hervir. Cuando hierva, reduce el fuego a mediano-bajo y cocina a fuego lento hasta que los frijoles se ablanden, de 1 a 1 hora y media. Si usas los frijoles enlatados, enjuágalos con agua fría y déjalos escurrir.

2 Mezcla los frijoles, el apio, el tomate, el pepino dulce y la cebolla en un tazón grande. Bate el aceite de oliva, el vinagre, el orégano, la salsa inglesa, el azúcar, los clavos de olor, el pimentón, la sal y la pimienta en un recipiente pequeño. Vierte el aderezo sobre los frijoles y revuelve para que se impregnen bien. Cubre el recipiente con papel plástico para envolver y refrigera por lo menos durante 1 hora o durante toda la noche antes de servir.

ensalada dorada de quinoa

RINDE 6 A 8 PORCIONES

2 tz. de quinoa

2½ tz. de caldo de pollo hecho en casa o de lata (bajo en sodio)

4 cebolletas finamente picadas (la parte blanca y verde claro solamente)

½ tz. de pasas blancas

3 cdas. de vinagre de arroz

1 cdta. de cáscara de naranja rallada

½ tz. de jugo de naranja (extraído de 2 naranjas grandes)

2 cdas. de aceite de oliva extra virgen

¼ de cdta. de comino molido

1 pepino pelado, cortado por la mitad, sin semillas y cortado en trozos

½ tz. de perejil de hoja plana fresco picadito

Sal y pimienta fresca molida

Hace unos años viajé a Bolivia a celebrar el cumpleaños de mi tía Titi, quien cumplía 100 años. La tía Titi es hermana de mi abuelo y es la última de esa generación que queda viva. El secreto de su longevidad es consumir mucha quinoa. En Bolivia, me quedé con mi familia, los Quintanillas, quienes me llevaron a visitar el Lago Titicaca, que según los científicos es el lugar en el que los incas sembraron quinoa por primera vez y en donde sigue siendo un importante cultivo. Cuando uno come quinoa casi puede saborear la energía de esa tierra ancestral.

1 Vierte la quinoa en un colador de malla fina y enjuaga con agua fría hasta que el agua salga limpia. Pon a hervir el caldo de pollo en una cacerola mediana a fuego mediano-alto. Agrega la quinoa y deja que vuelva a hervir. Entonces, reduce el fuego a lento, tapa la cacerola y deja cocer hasta que la quinoa se expanda completamente, de 20 a 25 minutos. Destapa, revuelve con un tenedor y deja aparte para que se enfríe.

2 Pasa la quinoa a un tazón grande. Agrega las cebolletas, las pasas, el vinagre de arroz, la ralladura y el jugo de naranja, el aceite de oliva, el comino, el pepino, el perejil y revuelve para combinar todo bien. Sazona con sal y pimienta a gusto, cubre con papel plástico de envolver y deja refrigerar hasta que se enfríe. Sirve cuando esté fría.

aguacates deliciosos rellenos con camarones y lichi

RINDE 4 PORCIONES

3 aguacates medianos tipo Hass

2 limones cortados por la mitad

½ tz. de mayonesa

1 cda. de polvo de curry

Sal

1 lb. de camarones pequeños, cocinados y pelados (60 a 80 por lb.)

1 lata de 20 oz. de lichi en almíbar, escurrido y cortado (aproximadamente 1 tz.)

1 lata de 8 oz. de castañas de agua, escurridas y picadas

2 cebolletas finamente picadas (la parte blanca y verde claro solamente)

Hojas de cilantro fresco picado para decorar

En la cocina soy una rebelde y me gusta mezclar sabores e ingredientes de mis dos culturas, la latina y la estadounidense. Esta es una de mis ensaladas favoritas, no sólo por su delicioso sabor, sino porque refleja muy bien ese estilo de cocina que toma "un poquito de aquí y de allá". Aunque los lichis son oriundos de China, se cultivan en la actualidad en muchos países latinoamericanos y se están haciendo cada vez más populares en la cocina latina. Reserva el almíbar sobrante de lichi y agrégalo a un martini o a un té helado. También puedes emplearlo para suavizar las capas de una torta o darle sabor a la crema batida.

1 Corta los aguacates por la mitad, a lo largo y elimina las semillas. Cuidadosamente retira la cáscara conservando la forma del aguacate. Corta un trocito por el lado más ancho y curvo para que el aguacate se mantenga en posición estable. Exprime los limones sobre los aguacates para que no se oscurezcan. Deja aparte.

2 En un recipiente grande, mezcla la mayonesa y el curry; sazona con sal y pimienta a gusto. Añade con cuidado los camarones, los lichis, las castañas y las cebolletas. Rellena las mitades de aguacate con la mezcla de camarones y refrigera al menos durante 1 hora. Decora con las hojas picadas de cilantro y sirve.

ensalada césar con camarones al estilo latino

RINDE 6 A 8 PORCIONES

½ tz. de mayonesa normal o reducida en grasa

2 dientes de ajo finamente machacados

2 cdas. de vinagre de vino tinto

2 cdtas. de mostaza *Dijon*

2 cdtas. de salsa inglesa

1 cdta. de pasta de anchoas

¼ de cdta. de ají amarillo enlatado, sin semillas y cortado en trocitos, o más cantidad a gusto (opcional)

¼ de tz. de hojas de cilantro fresco picado

1 cda. de aceite de oliva

1½ lbs. de camarones medianos (de 40 a 50 por lb.), pelados y sin venas

Sal y pimienta fresca molida

12 tz. de lechuga romana cortada en trozos (aproximadamente una cabeza de lechuga grande)

2 tz. de *chips* de plátano (mariquitas)

⅓ tz. de aceitunas negras cortadas en ruedas

⅓ de tz. de queso parmesano rallado

Las mariquitas (*chips* de plátano) son las que le dan el toque decisivo a esta receta. Si no las encuentras en el supermercado, sustitúyelas por trocitos de pan tostado. La ensalada se puede preparar con o sin los camarones salteados que a su vez pueden sustituirse por pollo asado o a la brasa. El ají amarillo es peruano y puedes encontrarlo en las bodegas latinas (o consulta "La despensa deliciosa", pág. 10). Una pequeña cantidad de ají le da al aderezo un gusto especial, pero si no lo consigues la ensalada igual quedará muy bien.

1 Vierte la mayonesa y 1 diente de ajo en el procesador de alimentos o en la licuadora y procesa hasta que se forme una mezcla suave. Con el procesador andando, agrega el vinagre, la mostaza, la salsa inglesa, la pasta de anchoas, el ají amarillo (si lo vas a usar) y el cilantro. Procesa hasta que todos los ingredientes se mezclen bien. Transfiere el aderezo a un tazón pequeño, cubre con papel plástico de envolver y refrigéralo hasta el momento de servir.

2 Calienta el aceite de oliva en una sartén grande a fuego mediano-alto. Agrega los camarones y deja cocer, revolviendo frecuentemente, hasta que estén casi completamente cocinados, enroscados y opacos. Deja cocer de 1 a 2 minutos más hasta que el ajo despida un olor fuerte. Apaga el fuego, añade sal y pimienta y deja aparte para que se enfríe ligeramente (para que el calor no ponga mustias a las verduras).

3 Vierte la lechuga en un tazón grande. Agrega el aderezo, mezcla bien y divide la ensalada en los platos de servir. Sobre la lechuga distribuye las mariquitas, las aceitunas y el queso. Termina con los camarones por encima y sirve inmediatamente.

ensalada de pollo, garbanzos y alcachofas para sentirse bien

RINDE 4 PORCIONES

2 cdas. de aceite de oliva

1 cebolla roja grande picada

2 dientes de ajo bien machacados

2 pechugas de pollo deshuesadas y sin piel, cortadas en trocitos

Sal y pimienta fresca molida

3 cdas. de mayonesa

2 cdas. de jugo de limón (extraído de ½ limón)

1 cda. de eneldo fresco, más 1½ cdas. extra para decorar

1 cdta. de cúrcuma molida

1 lata de 15 oz. de garbanzos lavados y escurridos

1 lata de 14 oz. de corazones de alcachofa lavados, escurridos y cortados

4 hojas de lechuga (variedad *Boston* o *Bibb*), lavadas y secas

Cuando me siento un poco tensa y dolorida, recurro a la cúrcuma. Mi médico me dijo que la cúrcuma es buena para los huesos, así que tengo el hábito de agregarla a casi todo —¡con la excepción del café! Con seguridad esta ensalada te hará recibir muchos elogios cada vez que la sirvas, y sólo tú sabrás que además de sabrosa es terapéutica. Queda deliciosa servida como emparedado en pan de pita o en arepa.

1 Calienta el aceite en una sartén grande a fuego mediano-alto durante 1 minuto. Agrega la cebolla, el ajo y deja cocer, revolviendo de cuando en cuando hasta que la cebolla se suavice, alrededor de 2 minutos. Agrega el pollo, sal y pimienta a gusto y deja cocer durante unos 3 minutos. Pasa a un plato a que se enfríe y deja aparte.

2 Bate la mayonesa, el jugo de limón, el eneldo y la cúrcuma en un tazón grande. Agrega los garbanzos, los corazones de alcachofa y la mezcla de pollo, revolviendo hasta que los ingredientes se mezclen bien. Sazona con sal y pimienta a gusto. Cubre con papel plástico de envolver y refrigera durante 1 hora. Sirve la ensalada sobre las hojas de lechuga y decora con el eneldo restante.

ensalada de churrasco

RINDE 4 PORCIONES

½ tz. de vinagre de vino tinto

3 cdas. de jugo fresco de limón (extraído de 1 limón)

2 cdtas. de miel

2 cdtas. de sal gruesa, más cantidad extra para sazonar la carne

1 cda. de orégano seco

1 tz. de aceite de oliva extra virgen más 1 cda. de aceite de oliva regular

Pimienta fresca molida

1 lb. de carne de lomo o falda

6 tz. de hojas de lechuga romana cortadas

4 tz. de rúcula tierna

12 tomates *cherry* cortados por la mitad

½ cebolla roja, cortada en rodajas finas

4 oz. de queso *gorgonzola* desmenuzado

Soy fanática de los bistecs de carne de res y mis favoritos son los de lomo o falda. Tienen mucho sabor, poca grasa y son económicos. ¿Qué más puedo pedir? Solamente necesitas pasarlos por la sartén con aceite bien caliente (estos bistecs delgaditos quedan mejor con el centro todavía rosado), asegurándote de que la carne se asiente antes de picarla. Esto permite que los jugos se reabsorban por lo que la carne queda más jugosa. Reserva el aderezo sobrante que te servirá para marinar pescado, carne o pollo.

1 Prepara la vinagreta combinando el vinagre, el jugo de limón, la miel, las 2 cucharaditas de sal y el orégano en un tazón mediano. Añade el aceite en un chorro fino, batiendo constantemente. Sazona a gusto con la pimienta y deja aparte.

2 Sazona la carne con sal y pimienta. Calienta la cucharada de aceite de oliva en una sartén mediana o parrilla a fuego mediano-alto durante 1 minuto. Coloca el bistec en la sartén y deja dorar de 3 a 4 minutos por cada lado si te gusta la carne a término medio-crudo, o déjala cocer un poco más si la prefieres bien cocinada. Pasa el bistec a una tabla de cortar para que se asiente mientras preparas la ensalada.

3 Combina la lechuga con la rúcula en un tazón grande. Incorpora los tomates, la cebolla y la mitad del queso. Revuelve los ingredientes con suficiente vinagreta para que se cubran ligeramente. Corta la carne en tiras finas a lo ancho. Coloca las tiras de carne sobre la ensalada y vierte más vinagreta por encima. Espolvorea con el queso restante y sirve.

consejito delicioso: Guarda la vinagreta en un vaso entrenador para niños. Así podrás verter todo el aderezo que quieras sobre la ensalada y mantener el resto fresco en el refrigerador. Solamente recuerda cubrir los agujeritos de la tapa si necesitas agitar el frasco para mezclar los ingredientes.

elvis latino

RINDE 4 PORCIONES

1 cda. de aceite vegetal

1 plátano grande y bien maduro, con la cáscara casi negra, pelado y cortado en rodajas diagonales de ¼ de pulgada de grosor

8 rebanadas de pan con pasas

¼ a ½ tz. de mantequilla de maní cremosa o crujiente

De muy joven me enamoré de Elvis Presley. Siempre me intrigó su obsesión con los emparedados de banana y mantequilla de maní. Si el Rey estuviera vivo todavía, me aseguraría de que probara mi versión latina. Te confieso que más de una vez he preparado uno de estos reconfortantes emparedados tarde en la noche y me lo he llevado conmigo a la cama junto a un buen vaso de leche.

1 Calienta el aceite en una sartén grande a fuego mediano-alto. Agrega las rodajas de plátano y fríe hasta que se doren, de 2 a 3 minutos por cada lado. Transfiérelas a un plato cubierto con papel toalla para que se escurran y deja aparte.

2 Unta cada rebanada de pan con mantequilla de maní, extendiéndola de forma gruesa o fina, a tu gusto. Coloca una tapa de rodajas de plátano sobre 4 de las rebanadas de pan y cubre con las rebanadas restantes. Pon a tostar en una plancha para emparedados. También puedes tostar el emparedado como si fuera de queso derretido. Pon un poco de mantequilla en una sartén y presiona el emparedado con una espátula hasta que se cocine. Divide por la mitad y sirve con un vaso de leche.

tacos de "chicharrones" de pescado
con salsa tártara de chipotle

RINDE 4 A 8 PORCIONES

PARA LA SALSA TÁRTARA

2 dientes de ajo finamente picados

1 a 2 chipotles en adobo, sin semillas y finamente picados

¾ de tz. de mayonesa

1 cebolleta finamente picada (la parte blanca y verde claro solamente)

1 cda. de jugo de lima

Sal

PARA LOS TACOS

2 lbs. de filete de pargo sin piel (u otro pescado de carne blanca y firme)

2 cdas. de salsa inglesa

4 dientes de ajo, machacados

1 cdta. de sal

⅛ de cdta. de pimienta fresca molida

1 tz. de harina común

3 tz. de aceite vegetal para freír, más cantidad extra si es necesario

8 tortillas de 8 pulgadas de diámetro

1 pepino pelado, sin semillas y cortado en tiras largas de ½ pulgada de grosor

6 oz. de hojas de rúcula

La cáscara rallada de 2 naranjas

Cuñas de lima para servir

Solamente el pronunciar la palabra chicharrones, con todas sus erres, me da ganas de comer algo delicioso. La clave de un buen chicharrón es que el pescado frito quede crujiente y no grasiento. Agrega rodajas de aguacate a cada taco como un complemento cremoso y refrescante.

1 Para preparar la salsa tártara de chipotle, combina todos los ingredientes de la salsa en un tazón pequeño y mezcla bien. Ajusta la sal a gusto. Cubre con papel plástico de envolver y refrigera hasta el momento de usar.

2 Para preparar los tacos de pescado, lava el pescado con agua fría y sécalo con papel toalla. Corta el pescado en cubos de 1 pulgada y ve colocándolos en un tazón grande. Agrega la salsa inglesa, el ajo, la sal y la pimienta y revuelve para que el pescado se cubra con los condimentos. Cubre el tazón con papel plástico de envolver y refrigera al menos durante 20 minutos o hasta 4 horas.

3 Vierte la harina en un plato llano y ve agregando los trozos de pescado, unos cuantos a la vez, hasta que se cubran de harina.

4 Calienta el aceite vegetal en una cacerola grande a fuego mediano-alto a 375° F. Añade con cuidado varios trozos de pescado a la vez, sacudiendo cualquier exceso de harina antes de echarlos en el aceite. Fríe los trozos hasta que el pescado se dore por todos lados, de 4 a 6 minutos. Con una espumadera sácalos del aceite y ponlos a escurrir sobre un plato cubierto con papel toalla.

5 Mientras tanto, calienta una sartén mediana a fuego mediano-alto. Coloca en ella una tortilla y caliéntala de 10 a 15 segundos. Da la vuelta y calienta por el otro lado hasta que la tortilla quede moldeable y caliente, por otros 10 a 20 segundos. Colócala en un plato y cúbrela con una toalla de cocina y repite el proceso con las restantes tortillas.

6 Extiende una cucharada de la salsa tártara de chipotle sobre una tortilla caliente. Agrega unas tiras de pepino y cubre con 3 o 4 trocitos de pescado frito. Cubre con hojas de rúcula y de cilantro, salpicando por encima la cáscara de naranja. Sirve acompañada de salsa tártara de chipotle extra y cuñas de lima.

croque señor cubano

½ tz. de pasas

1 tz. de aceitunas sin carozos picadas en trozos

1 cda. de cebolleta picadita

⅓ de tz. de aceite de oliva extra virgen

2 cdas. de vinagre de vino tinto

4 panes grandes para emparedados cortados a lo largo

2 cdas. de mayonesa (o más si es necesario)

2 cdtas. de mostaza amarilla (o más si es necesario)

8 lascas finas de jamón

8 lascas finas de carne de cerdo asada

8 lascas de queso suizo

1 cda. de mantequilla sin sal

El tradicional emparedado cubano se prepara con carne de cerdo asada, jamón, queso y pepinillo dulce encurtido cortado en rodajas muy finas. En esta versión, he elevado este plato a un nivel superior sustituyendo el pepinillo por aderezo agridulce. De textura espesa similar al pesto, este aderezo se conserva en el refrigerador durante semanas. Untado sobre tostadas o *crostini*, se transforma en una merienda instantánea.

1 Echa las pasas, las aceitunas y la cebolleta en el tazón del procesador de alimentos y pulsa hasta reducirlos a trocitos pequeños. Agrega el aceite de oliva y el vinagre y sigue pulsando hasta que los ingredientes del aderezo se mezclen, pero no los conviertas en puré; deben mantener una textura gruesa. Transfiere la mezcla a un tazón, cubre con papel plástico de envolver y refrigera 1 hora por lo menos y hasta por 2 semanas.

2 Unta una mitad del pan con mayonesa y la otra mitad con mostaza. Coloca 2 lascas de jamón y 2 lascas de cerdo en un lado del pan. Cubre con 2 lascas de queso y entonces unta de 1 a 2 cucharadas del aderezo por encima del queso. Tapa con la otra mitad del pan.

3 Derrite la mantequilla en una sartén grande a fuego mediano (si la sartén no es lo suficientemente grande, deberás tostar los emparedados en dos tandas). Distribuye los emparedados en la sartén y presiónalos con un objeto grande o plano (el fondo de otra sartén bien limpia o un plato llano). Tuesta los emparedados de 3 a 5 minutos por cada lado o hasta que cada lado se dore, y sírvelos.

emparedados de pollo, queso y pesto

RINDE 6 EMPAREDADOS

½ tz. de hojas de albahaca

1 tz. de queso *feta* desmenuzado

¼ de tz. de leche evaporada

¼ de tz. más 2 cdas. de aceite de oliva extra virgen

2 dientes de ajo picados finamente

1 cda. de vinagre balsámico

Sal y pimienta fresca molida

4 pechugas de pollo sin piel, cortadas por la mitad

2 barras de pan francés, cortadas en 3 partes o 6 panes largos cortados por la mitad

1 cabeza de lechuga desmenuzada (también puedes usar rúcula o berros)

1 pimiento rojo, sin semillas ni nervaduras y cortado en tiritas

1 pimiento naranja, sin semillas ni nervaduras y cortado en tiritas

2 tomates limpios, sin semillas y cortados en ruedas finas

Este no es el típico pesto italiano, ¡es mi versión latina con queso! A las que no puedan cocinar a la parrilla el año entero, como hacemos en Miami, les recomiendo asar las pechugas de pollo 6 minutos por cada lado o hasta que se cocinen completamente. Y si no tienes ganas de preparar la marinada, adoba las pechugas de pollo con aderezo italiano y listo.

1 Pon la albahaca, el queso, la leche evaporada y ¼ de taza del aceite de oliva en una licuadora o procesador de alimentos para hacer un puré. Pasa el pesto a un recipiente, cúbrelo con papel plástico de envolver y refrigera hasta por 3 días.

2 En una bolsa de plástico (de 1 galón de capacidad) con cierre hermético, echa el ajo, el vinagre y las 2 cucharadas restantes de aceite de oliva. Enjuaga las pechugas de pollo con agua fría, sécalas con papel toalla y agrégalas a la marinada. Refrigera el pollo al menos durante 30 minutos o hasta por 2 días.

3 Calienta la parrilla a fuego mediano (en este punto, la temperatura te permite colocar la mano unas 5 pulgadas sobre la parrilla y mantenerla allí no más de 5 segundos). Asa las pechugas alrededor de 7 minutos por cada lado o hasta que se cocinen completamente. Deja aparte a enfriar ligeramente y luego córtalas en tiras.

4 Corta el pan a lo largo sin llegar hasta abajo. Unta el pesto por el lado interno del pan y entonces coloca 1 capa de tiras de pollo. Cubre con las hojas de lechuga desmenuzada, los pimientos y los tomates (si lo deseas, puedes agregar el pesto que sobre a los vegetales) y envuelve el emparedado con papel encerado y luego con una servilleta de color. Ata el emparedado con cuerda de cocina y sirve.

consejito delicioso: Si quieres preparar los *chips* más ricos del mundo, echa una bolsa de *chips* en un tazón y mézclalos con adobo marca Maggi en salsa y jugo fresco de lima.

envolturas de camarones y mango

RINDE 6 ENVOLTURAS

⅓ de tz. de crema agria

⅓ de tz. de mayonesa

1 cda. de hojas frescas de orégano picadas

2 cdas. de cebollinos frescos picaditos

1 cda. de jugo fresco de lima (extraído de ½ lima)

Sal y pimienta fresca molida

1½ lbs. de camarones pelados y sin venas, ya cocinados y picados en trozos

1 mango maduro pelado y la pulpa cortada en cubitos (ver pág. 50)

6 tortillas de harina de 9 pulgadas de diámetro, calientes

1 puñado de berros lavados y secos (elimina los tallos duros)

¡Estos son los burritos del siglo XXI! Son más ligeros, más finos y se rellenan con ingredientes más sexys, como el mango y las hierbas aromáticas. Hace años que me convertí en aficionada a las envolturas (*wraps*) y las preparo en cualquier momento: cuando necesito comida lista en pocos minutos, como aperitivos en una fiesta o para saciar el apetito a media noche. Todavía son mi comida de moda favorita, ya que se ajustan perfectamente a mi estilo de vida de ahorrar tiempo: puedo olvidarme de agregar en el menú diario mi porción de almidones y vegetales porque todo esto ya viene incluido. Quedan muy sabrosas con aguacates, un poco de cilantro y cualquier tipo de salsa que tengas en el refrigerador.

1 Echa en la licuadora o en el procesador de alimentos la crema agria, la mayonesa, el orégano, el ajo y el jugo de lima, algo de sal y pimienta y pulsa hasta reducir la mezcla a puré de color verde pálido. Pasa la mezcla a un recipiente mediano, agrega los camarones y el mango y revuelve para que se combine todo bien.

2 Calienta una sartén pequeña a fuego mediano-alto. Pon una tortilla dentro de la sartén y calienta cada lado de 10 a 15 segundos, o hasta que se caliente completamente.

3 En el centro de cada tortilla, coloca parte de los berros, y encima la mezcla de camarones. Dobla los lados de la tortilla y enróllala para cerrar el relleno. Corta las envolturas en diagonal y sirve.

consejito delicioso: Para calentar las tortillas en el microondas, colócalas una encima de la otra en un plato y cúbrelas con una toalla de cocina húmeda. Calienta durante 30 segundos y déjalas tapadas hasta el momento de servir.

tú dices *soup,*
yo digo sopa

ara mí la sopa es el alimento del alma. Es fácil de preparar, económica y una cacerola dura días. Es reconfortante, nutritiva y, lo más importante, realmente deliciosa. En Colombia a menudo nos referimos a la comida como jugo, sopa y seco. Típicamente, se sirve primero el caldo de la sopa, seguido de la carne, el pollo, los plátanos y las verduras con arroz de guarnición. Nada rebuscado ni elegante —sólo buena comida. Solamente pensar en la sopa me hace sentir hambre.

Crecí a base de sopitas, y ellas forman una gran parte de mi dieta. Ya sea como parte de la cena, o empacada en un recipiente plástico para el almuerzo, la sopa es además una forma económica y sencilla de incorporar alimentos saludables a la dieta. A veces ligera y siempre nutritiva, nos ofrece gran cantidad de vitaminas y minerales que fortalecen y estimulan las funciones del organismo. En lugar de añadir crema o papas para espesarla, a menudo cuento con que los propios vegetales y almidones se deshagan y espesen la sopa, haciéndola más rica y cremosa.

Aunque me encantan las sopas calientes, como la Sopa de plátano (ver pág. 97) y la *Sopi piska* (ver pág. 100), hay muchas sopas frías entre mis favoritas. Las sopas frías son muy comunes en América Latina porque son fáciles de preparar, refrescantes y divertidas de servir. En lugar del plato hondo, me gusta servirlas en copitas atractivas como entrada. El Gazpacho tropical de piña (ver pág. 91) y la Sopa fría y refrescante de melón y jamón (ver pág. 92) llevan poco tiempo de preparación y se prestan de maravilla para servir en un desayuno-almuerzo, durante un cóctel, la cena o lo que sea. Ya sea que las uses para calentarte por dentro o refrescarte en un día caluroso, ¡estas sopitas son pura delicia en un tazón!

gazpacho tropical de piña

RINDE 6 PORCIONES

1 piña grande, pelada y descorazonada

3 pepinos medianos, pelados, cortados por la mitad y sin semillas

1 tz. de jugo de piña

1 jalapeño cortado por la mitad, sin semilla y picado en trocitos pequeños

1 cebolleta finamente picada, la parte blanca y verde claro solamente

1 cda. de sal de mar

12 oz. de uvas verdes sin semilla, cortadas por la mitad (alrededor de 2 tz.)

1 cdta. de jugo de lima, más cuñas de lima para servir

2 cdas. de hojas frescas de cilantro, más unas ramitas para adornar

3 cdas. de aceite de oliva extra virgen (opcional), más cantidad extra para servir

¼ de tz. de nueces de macadamia finamente picadas

Dios mío, ¿cuántos platos de verduras y ensalada puede comer alguien sin aburrirse? Cuando me harto de la lechuga y no puedo ni mirarla, esto es lo que preparo. El gazpacho queda fabuloso para el almuerzo, especialmente en un día de mucho calor y es magnífico como entrada cuando tienes invitados.

1 Corta la mitad de la piña y la mitad de los pepinos en trozos grandes (reserva el resto) y pon los trozos en la licuadora. Agrega el jugo de piña, el jalapeño, la cebolleta y la sal, y reduce los ingredientes a puré. Corta la piña y el pepino restante en cubitos pequeños (de ½ pulgada) y agrega a la licuadora junto con las uvas, el jugo de lima, el cilantro y el aceite de oliva (si lo usas). Pulsa de 2 a 3 veces (para que los trozos de piña y los pepinos no se deshagan completamente sino que mantengan un poco de su textura en el puré).

2 Revuelve el puré, prueba y ajusta la sazón con más jugo de lima y sal si fuera necesario. Cubre el recipiente con papel de plástico de envolver y refrigera durante 1 hora antes de servir. Divide el gazpacho en seis tazones. Espolvorea por encima las nueces de macadamia picadas, échales unas gotas de aceite de oliva y decora con las ramitas de cilantro. Sirve con cuñas de lima como acompañante.

sopa fría y refrescante de melón y jamón

RINDE 4 PORCIONES

2 lbs. de melón dulce, pelado, cortado por la mitad, sin semillas y picado en trozos (aproximadamente 5 tz. de trocitos de melón)

¼ tz. de hojas de menta fresca, más una cantidad extra de hojas picadas para decorar

2 cdas. más 1½ cdtas. de crema agria

1 tz. de jamón serrano (o *prosciutto*) cortado en cubitos

1 lima cortada en cuñas para servir

Es increíble la combinación entre lo dulce y lo salado en esta variación del clásico melón envuelto con jamón *prosciutto*. Se prepara muy rápidamente, así que a menudo la incluyo en desayuno-almuerzos de último minuto. Y si la acompañas con mimosas y huevos rancheros quedarás como una reina.

1 Pon a enfriar 4 platos de sopa en el refrigerador.

2 Combina el melón y la menta en la licuadora hasta formar un puré. Agrega la crema agria y sigue procesando la mezcla hasta que los ingredientes se mezclen completamente. Divide la sopa entre los 4 platos, por encima echa los cubitos de jamón y la menta picada y sirve con las cuñas de lima.

sopa de frijoles carita y chipotle

RINDE 4 PORCIONES

1 cda. de aceite de oliva

1 cebolla grande amarilla, pelada y cortada en trozos

2 dientes de ajo

½ cdta. de romero seco

½ cdta. de tomillo seco

2 tz. de frijoles carita congelados

5 tz. de caldo de pollo, preparado en casa o enlatado (bajo en sodio)

½ chile chipotle enlatado en adobo, picado y sin semillas

Sal y pimienta fresca molida

Yogur sin sabor para decorar

Hojas de cilantro frescas picadas para decorar

Cuñas de lima para servir

Resulta difícil creer que una sopa tan cremosa, humeante y seductora sea tan fácil de hacer. Su sabor es tentador aunque solamente lleva 1 cucharada de aceite. Y el refrescante yogur contrasta de maravilla con lo picante del chipotle.

1 Calienta el aceite en una sartén grande a fuego mediano-alto durante 1 minuto. Agrega la cebolla y el ajo y deja cocinar, revolviendo de vez en cuando hasta que la cebolla se suavice, aproximadamente 2 minutos. Agrega las hierbas secas, y deja cocinar hasta que se desprenda el olor, de 2 a 3 minutos. Incorpora los frijoles carita y el caldo de pollo y deja hervir durante 3 minutos. Reduce el fuego a mediano-bajo y deja cocinar, parcialmente tapado, durante 40 minutos.

2 Pasa a la licuadora unos cuantos cucharones de la mezcla de frijoles y haz un puré. (Cuando estés mezclando líquidos calientes, llena el tazón de la licuadora solamente hasta la mitad, coloca la tapa dejando una esquina abierta, y pulsa el líquido la primera vez para soltar parte del calor, de otra forma la tapa puede saltar.) Transfiere la sopa a una cacerola limpia y repite con el resto de los frijoles, añadiendo el chipotle a la última tanda. Deja que la sopa llegue al punto de hervor a fuego bajo y sazona con sal y pimienta a gusto. Sobre cada porción, coloca una cucharada de yogur, el cilantro picadito y sirve con una cuña de lima.

sopita deliciosa de aguacate

RINDE 4 PORCIONES

1 cda. de mantequilla sin sal

1 cebolla blanca picada finamente

2 dientes de ajo pelados y machacados

½ pimiento rojo, anaranjado o amarillo, sin semillas ni nervaduras y picado finamente

1 cda. más 1½ cdtas. extra de eneldo fresco picado

Sal y pimienta fresca molida

½ tz. de crema de leche

3 aguacates medianos tipo Hass, cortados por la mitad, sin semilla, pelados y cortados en trozos

1 tz. de leche

2 cdas. de aceite de oliva

16 camarones pequeños crudos, pelados y desvenados

Hojas frescas de albahaca finamente picadas para decorar

Semillas de sésamo para decorar

En el pueblo de Playa del Coco, en Costa Rica, hay un restaurante acogedor llamado El Chile Dulce en el que se sirve este plato. Después de un buen día de sol y arena, no hay nada más reconfortante que esta deliciosa sopa verde pálido. La sensación de beberla a sorbitos se compara con la de cambiarse a una ropa bien cómoda. La llamo sopita porque es tan intensa y rica que se debe servir en pequeñas porciones.

1 Derrite la mantequilla en una sartén mediana a fuego mediano-alto. Añade la cebolla, el ajo y el pimiento para que se cocinen, revolviendo de vez en cuando, hasta que las verduras se suavicen, de 4 a 6 minutos. Agrega el eneldo y la sal y pimienta a gusto. Vierte la crema y pasa la mezcla a la licuadora.

2 Incorpora los aguacates, la leche y 1 cucharada de aceite de oliva en la licuadora y reduce a puré. Cuando el puré quede completamente suave, transfiérelo a un tazón, tápalo y refrigera hasta que se enfríe (la sopa se puede preparar hasta con 1 día de anticipación).

3 Calienta el aceite de oliva restante en una sartén mediana a fuego mediano-alto. Agrega los camarones y deja cocinar hasta que se enrosquen, se pongan rosados y opacos, de 2 a 4 minutos. Para servir, vierte la sopa fría en pequeños vasos, pon encima los camarones y decora con las hojas de albahaca y las semillas de sésamo.

consejito delicioso: Los aguacates hacen maravillas por el cabello. Maja un poco y pásalo por el cabello con la ayuda de un peine. Envuélvete la cabeza con un gorro plástico y ponte a leer o navegar por Internet durante 20 minutos. Luego, enjuaga.

sopa reina de corazones

RINDE 4 PORCIONES

1 cda. de mantequilla sin sal

½ cebolla blanca, finamente picada

2 tz. de caldo de pollo hecho en casa o enlatado (bajo en sodio)

1 tz. de mitad crema-mitad leche (*half-and-half*)

1 lata de 14 oz. de palmitos, enjuagados, escurridos y cortados en trozos

½ chile chipotle de lata en adobo, sin semilla y finamente picado

1 cdta. de sal, más cantidad extra si fuera necesario

Pimienta fresca molida

2 cdtas. de perejil fresco picado

¿Sabes lo que se siente cuando uno tiene hambre y no hay nada de comer en el refrigerador? Cuando me pasa esto, me voy a la despensa en busca de inspiración. Esta sopa es el resultado de una de esas aventuras, y es totalmente única y maravillosa. Ella es la razón principal por la que siempre tengo a mano chipotles y palmitos.

1 Derrite la mantequilla en una sartén grande a fuego mediano. Agrega la cebolla y deja cocer, revolviendo de vez en cuando, hasta que se suavice y quede translúcida, alrededor de 2 minutos. Incorpora el caldo, la taza de mitad crema-mitad leche, los palmitos, el chipotle en adobo, la sal y deja hervir. Reduce el fuego a mediano-bajo, cubre parcialmente y deja cocinar a fuego lento durante 5 minutos.

2 Transfiere unos cucharones de sopa a la licuadora y deja que se forme un puré muy suave. (Cuando estés mezclando líquidos calientes, llena el tazón de la licuadora solamente hasta la mitad, coloca la tapa dejando una esquina abierta, y pulsa el líquido la primera vez para soltar parte del calor, de otra forma la tapa puede saltar.) Pasa la sopa reducida a puré a una cacerola limpia y repite con el resto de la sopa. Lleva la sopa a un hervor a fuego mediano-bajo, revolviendo frecuentemente. Sazona con sal y pimienta a gusto, echa por encima el perejil picado y sirve.

sopa de plátano

RINDE 6 A 8 PORCIONES

1 cda. de aceite de oliva

1 cebolla amarilla pequeña picada finamente

1 zanahoria, pelada y picada finamente

1 tallo de apio limpio y picado finamente

2 dientes de ajo picados finamente

4½ tz. de caldo de pollo hecho en casa o enlatado (bajo en sodio), más una cantidad extra si fuera necesario

2 plátanos verdes pelados y cortados en rodajas finas

1 tz. de hojas frescas de cilantro picadas finamente para decorar

2 hojas de laurel

½ cdta. de comino molido

Sal y pimienta fresca molida

Si el título de esta receta te trae a la mente un plato de puré de banana te vas a llevar una gran sorpresa. Aunque los plátanos tienen su toque de dulzor, esta sopa no empalaga en absoluto, sino que tiene un sabor agridulce realmente sorprendente. Corta un buen trozo de pan y prueba lo que te has venido perdiendo hasta ahora.

1 Calienta el aceite en una cacerola mediana a fuego mediano-alto por 1 minuto. Agrega la cebolla, la zanahoria, el apio y el ajo y deja cocer revolviendo a menudo hasta que la cebolla se suavice y se dore, aproximadamente 8 minutos. Agrega el caldo de pollo, los plátanos, el cilantro, las hojas de laurel y el comino, deja que la mezcla hierva y entonces reduce el fuego al nivel más bajo, y cocina a fuego lentísimo, sin tapar, hasta que los plátanos estén muy suaves, alrededor de 45 minutos. Elimina las hojas de laurel.

2 Pasa la mitad de la sopa a la licuadora y procesa la mezcla hasta formar un puré suave. (Cuando estés mezclando líquidos calientes, llena el tazón de la licuadora solamente hasta la mitad, coloca la tapa dejando una esquina abierta, y pulsa el líquido la primera vez para soltar parte del calor, de otra forma la tapa puede saltar.) Vierte la sopa reducida a puré de nuevo en la cacerola con el resto de la sopa de textura más gruesa y mezcla bien. Si la sopa es demasiado espesa para tu gusto, agrega más caldo de pollo. Sazona con sal y pimienta a gusto, echa por encima el cilantro reservado y sirve.

consejito delicioso: Para pelar un plátano verde duro, haz un corte a lo largo de la cáscara de una punta a la otra en cada lado del plátano, y entonces retira la cáscara.

Ingredientes

2 cdas. de aceite de oliva

2 tallos de apio cortados en cubitos

2 cebollas amarillas cortadas en cubitos

2 pimientos rojos, sin semillas ni nervaduras, cortados en cubitos

2 ajíes poblanos, descorazonados, sin semillas ni nervaduras y cortados en cubitos

2 tomates grandes pelados, descorazonados y cortados en cubitos

4 dientes de ajo picados finamente

1 tz. de pasta de tomate

1 cda. de hojas frescas de orégano cortadas

1 cdta. de hojas frescas de tomillo cortadas

Sal y pimienta fresca molida

5 tz. de caldo o concentrado de pescado

1 lata de 14 oz. de leche de coco

1 tz. de vino blanco seco

1 filete de salmón de 8 oz., cortado en trozos de 1 pulgada

1 filete de pargo de 8 oz., cortado en trozos de 1 pulgada

1 lb. de calamares cortados en ruedas de ½ pulgada

8 oz. de vieiras pequeñas

1 lb. de camarones grandes, pelados y desvenados

1 lb. de mejillones en su concha, limpios

½ tz. de hojas frescas de cilantro picado

1 barra de pan francés, cortada en ruedas, para servir

bouillabaisse
al sur de la frontera

RINDE 6 A 8 PORCIONES

En este cocido a base de pescado hay influencias de Sudamérica, el Caribe y sí, hasta de Francia. Muchas cocineras no se atreven a preparar la *bouillabaisse* porque el paso extra de preparar el caldo de pescado las intimida. Es una pena, porque la *bouillabaisse* es uno de los platos más elegantes y que mejor impresión causan entre los invitados. Vamos a dejarles las partes más complicadas a los chefs franceses —eso los hace sentir importantes. Por mi parte prefiero sentirme inteligente. Compra un buen caldo orgánico de pescado en el mercado. Tiene un delicioso sabor y ahorra mucho tiempo de preparación. Y como la leche de coco le da al caldo un rico sabor y textura sedosa, puedes suprimir también la tradicional *rouille* (mayonesa).

1 Calienta el aceite en una cacerola grande a fuego mediano-alto. Agrega el apio, la cebolla, los pimientos y ajíes poblanos, los tomates y el ajo, y deja cocer, revolviendo de vez en cuando hasta que los vegetales se suavicen, de 5 a 7 minutos. Incorpora la pasta de tomate, el orégano, el tomillo y la sal y pimienta a gusto, y deja cocer, revolviendo frecuentemente de 1 a 2 minutos o hasta que las especias despidan olor.

2 Agrega el caldo de pescado, la leche de coco, el vino blanco y deja hervir. Reduce el fuego a lento, tapa el recipiente y deja cocer durante 8 minutos. Añade el salmón y el pargo, tapa y deja cocer durante 3 minutos. Incorpora ahora los calamares, las vieiras, los camarones y los mejillones; tapa y deja cocer hasta que los mejillones se abran y los camarones y el pescado estén opacos y bien cocinados, de 3 a 5 minutos más. (Elimina los mejillones que no abran.) Echa por encima el cilantro picado y sirve en platos llanos con las ruedas de pan.

sopi piska (sopa de pescado de curaçao)

RINDE 4 A 6 PORCIONES

1 cda. de aceite de canola

4 cebolletas, las partes blancas y verde claro solamente, picadas finamente

1 cebolla amarilla mediana cortada en trozos

½ pimiento verde sin semillas ni nervaduras blancas, cortado en cubitos

½ pimiento rojo sin semillas ni nervaduras blancas, cortado en cubitos

2 zanahorias grandes picadas finamente

2 tallos de apio picados finamente

½ tz. de tomates en lata cortados en cubitos

2 cdas. de salsa de adobo marca Maggi o de salsa inglesa

1 cda. de orégano seco

4 tz. de caldo de pollo hecho en casa o enlatado (bajo en sodio)

2 cdas. de pasta de tomate

¼ de un chile habanero fresco sin semillas

1½ lbs. de filetes de pargo sin piel, cortado en cubitos de 1 pulgada

Sal y pimienta fresca molida

Cuñas de lima para servir

1 barra de pan francés cortado en rueditas para servir

Pasé parte de mi infancia en Curaçao y todos los domingos mi familia iba a los restaurantes del Curaçao Yacht Club, el Jan Christian o el Playa Forti sólo para comer *sopi piska*, una sopa de pescado de maravillosa textura. El pescado llegaba fresco diariamente y la sopa venía servida con muchas limas y acompañada con ají picante Madame Janette. La preparo cada vez que siento nostalgia por los sabores de mi hogar o cuando tengo resaca. Esta sopa, junto a la Michelada María (ver pág. 223) es el mejor remedio para combatir el efecto de los tragos de la noche anterior. Sírvela con polenta frita o una rebanada de pan francés.

1 Calienta el aceite en una cacerola grande a fuego mediano-alto durante 1 minuto. Agrega las cebolletas, la cebolla, los pimientos, las zanahorias y el apio y deja cocer a fuego mediano, revolviendo frecuentemente hasta que estén bien suaves, alrededor de 10 minutos. Incorpora los tomates, la salsa de adobo Maggi y el orégano. Continúa la cocción hasta que el líquido se evapore casi por completo, unos 5 minutos más.

2 Agrega el caldo de pollo, 2 tazas de agua, la pasta de tomate y el chile habanero y deja hervir a fuego lento. Añade el pescado y deja cocer a fuego bajo hasta que se cocine completamente, unos 15 minutos. Saca el chile habanero y descártalo. Sazona la sopa con sal y pimienta a gusto y sirve caliente con el pan y las cuñas de lima.

aguadito para alegrar el alma
(sopa peruana de pollo)

RINDE 6 PORCIONES

1 cda. de aceite vegetal o de canola

6 muslos de pollo (elimina la piel y el exceso de grasa)

3 dientes de ajo picados finamente

1½ cebollas amarillas medianas, picadas finamente

1 zanahoria grande cortada en cubitos pequeños

1 tz. de arroz blanco

¾ de tz. de arvejas congeladas

2½ cdas. de pasta de culantro (o 2 tz. de culantro fresco o de cilantro hecho puré en un procesador de alimentos junto a 1 cdta. de aceite vegetal o de canola)

7 tz. de caldo de pollo hecho en casa o de lata (bajo en sodio)

2 cdtas. de sal

Salsa de una lata de ají amarillo o de chile habanero picante para servir (opcional)

Cuñas de lima para servir

Este es un plato muy reconfortante. Un tazón gigante de aguadito me ha ayudado a disipar las preocupaciones de más de un mal día. Puedes conseguir el culantro en las bodegas latinas, ya sea fresco o en pasta. Es una hierba aromática de hoja alargada con un sabor similar al del cilantro fuerte. Me gusta añadirle un poco de picante a la sopa con un toque de salsa de ají amarillo enlatado. Una pizca de salsa Tabasco o de pimienta de Cayena y hasta una mínima cantidad de salsa de adobo de una lata de chiles en chipotle logran el mismo efecto (consulta la sección "La despensa deliciosa" de la pág. 10 para que te informes sobre cómo comprar el ají amarillo).

1 Calienta el aceite en una cacerola grande a fuego mediano-alto. Agrega los muslos de pollo y fríe hasta que el pollo se dore por un lado, aproximadamente unos 5 minutos. Voltea los muslos de pollo y cocina durante 4 minutos. Agrega una tercera parte del ajo y sigue la cocción hasta que el pollo se dore, de 1 a 2 minutos más. Transfiere el pollo a un plato y deja aparte. Ahora echa en la cacerola las cebollas, la zanahoria, el ajo restante y deja cocer hasta que la cebolla esté suave y translúcida, de 3 a 5 minutos. Agrega el arroz, las arvejas y la pasta de culantro y revuelve para que los granos de arroz queden cubiertos con las hierbas. Añade 6 tazas de caldo de pollo, la sal y los muslos de pollo.

2 Deja que el líquido rompa a hervir y reduce el fuego a mediano-bajo. Deja hervir a fuego lento sin tapar hasta que se desgrane el arroz, alrededor de 30 minutos. Si el arroz se seca antes de desgranarse, agrega la taza de caldo restante o agua.

3 Retira los muslos de pollo de la cacerola y con un tenedor separa la carne de los huesos. Echa la carne a la cacerola y mézclala con el arroz. Agrega un poco de salsa de ají amarillo (opcional) y sirve en tazones individuales con una cuña de lima.

sancocho con ají colombiano

RINDE 6 PORCIONES

PARA LA SALSA DE AJÍ

1 tz. de cilantro fresco picado finamente

8 cebolletas, la parte blanca y verde claro solamente, picadas finamente

½ chile habanero o chile variedad *Scotch bonnet*, sin semillas y picado finamente

1 cda. de cebolla blanca picada finamente

2 cdtas. de jugo de lima fresco

1 tomate pequeño descorazonado y picado finamente (opcional)

PARA LA SOPA

3 cdas. de aceite de oliva

2 cebollas amarillas grandes picadas finamente

3 dientes de ajo picados finamente

2 tomates grandes, pelados, descorazonados, sin semillas y cortados en trozos

3 hojas de laurel

1 cda. de tomillo fresco picado finamente

2 lbs. de muslos de pollo, sin la piel y sin exceso de grasa, enjuagados y secos

2 lbs. de costillas de carne de res

2 plátanos verdes, pelados y cortados en trozos de 2 pulgadas de largo

Esta sopa "todo-en-uno" con salsa picante de ají, lima y cebolleta es conocida como sancocho, de por sí toda una comida. Tradicionalmente la carne y las viandas se sirven aparte del caldo. Es como dos platos en uno. La salsa de ají se puede usar para avivar cualquier cosa en la cocina, desde el pollo y las papas, hasta sopas, empanadas o un sencillo arroz. Se usa al igual que la sal y la pimienta para darle un toque a cualquier plato que te venga a la mente (menos el postre). Si me sirves sancocho con un poquito de salsa picante de ají y cebolleta y bastantes tortillas o arepas para comer con la carne con caldo, me convertiré en tu mejor amiga de por vida.

1 Para preparar la salsa de ají, echa el cilantro, las cebolletas, el chile, la cebolla y el jugo de lima junto a ¾ de taza de agua en un recipiente de vidrio de tapa bien ajustada. Agrega el tomate (si lo usas), sazona con sal y pimienta y bate el frasco para mezclar los ingredientes. (Deja aparte a temperatura ambiente durante varias horas para que los sabores pasen al líquido, entonces refrigera hasta el momento de servir.)

2 Para hacer la sopa, calienta el aceite en una cacerola grande a fuego mediano durante 1 minuto. Agrega las cebollas y el ajo y deja cocer, revolviendo de vez en cuando hasta que se suavicen y estén transparentes, aproximadamente 5 minutos. Agrega los tomates, las hojas de laurel y el tomillo y sigue cocinando otros 5 minutos. Incorpora el pollo y las costillas y deja cocer revolviendo de vez en cuando, retirando la espuma de la superficie del caldo cuando sea necesario hasta que los tomates se deshagan, aproximadamente 15 minutos. Agrega los plátanos, el cilantro y el caldo de pollo y deja hervir. Reduce el fuego a mediano-bajo y cocina a fuego lento, tapado, hasta que se ablanden los plátanos, alrededor de 30 minutos.

2 plátanos maduros, pelados y cortados en trozos de 2 pulgadas de largo

1 mazo grande de cilantro fresco, tallos atados con cuerda de cocina

14 tz. de caldo de pollo hecho en casa o enlatado (bajo en sodio)

1½ lbs. de papas pequeñas, rojas o amarillas

4 mazorcas de maíz, sin las hojas y cortadas en cuartos

10 trozos de yuca congelada de 2 pulgadas de largo

Arroz blanco para servir (opcional)

2 aguacates medianos tipo Hass, cortados por la mitad, sin semilla, pelados y cortados en tiras para servir (opcional)

Arepas o tortillas para servir (opcional)

3 Con una espumadera, retira el pollo de la cacerola y deja aparte. Agrega las papas, el maíz y la yuca y cocina a fuego lento, destapado, hasta que se ablanden, unos 20 minutos. Retira el cilantro y las hojas de laurel, pon de nuevo el pollo en la cacerola para que se caliente.

4 Para servir, echa una pieza de pollo, parte de la carne, los plátanos y unos cuantos pedazos de yuca y de papa en cada plato. Sirve el caldo en un tazón pequeño con la salsa de ají a un lado junto con un tazón de arroz. Sirve los trozos de aguacate y las arepas o tortillas en platos aparte.

¡ciao, pescao!

desde Cuba hasta México y Colombia, la mayoría de los países latinos tienen hermosas costas y, por lo tanto, disfrutan de cocinas influenciadas por los tesoros del mar. Entre sus tradicionales y deliciosos platos a base de pescados y mariscos se encuentran el ceviche, las sopas de mariscos, el pescado a la parrilla y las ensaladas de camarones. No es de extrañar que gran parte de mis memorias más felices estén relacionadas con el mar.

El pescado y los mariscos son rápidos y sencillos de preparar, ya sea para muchas personas o para una o dos. La mayoría de las recetas toman media hora o menos de principio a fin, lo que las convierte en excelentes platos de última hora.

Tengo varios favoritos que preparo a menudo: la suave y delicada tilapia, el jugoso pargo, lleno de sabor, el robusto salmón y el suculento camarón. Como de hecho la mayoría de los camarones que compramos han sido congelados poco tiempo después de pescarlos, el comprarlos congelados te permite controlar la cantidad de tiempo que han estado descongelados. ¿Quién sabe exactamente cuánto tiempo el camarón "fresco" del supermercado ha estado en el hielo desde que lo descongelaron?

El pescado siempre debe oler a limpio, como a mar, en vez de despedir un olor desagradable. La masa debe estar firme y con brillo, ni pastosa ni suave. Trata de cocinar el pescado y el marisco el mismo día que lo compres, o al día siguiente. La calidad definitivamente empieza a declinar si lo guardas por más tiempo. Por supuesto que puedes emplear tu pescado o marisco favorito en las siguientes recetas en lugar de los indicados. Prueba el lenguado en lugar de la tilapia o sustituye el pargo por róbalo, mero o cherna fresca; trucha ártica, tuna o róbalo rallado en lugar de salmón. Cambia el dorado por la tuna y para variar, sustituye los camarones por almejas, mejillones, langosta o vieiras.

ceviche con coco fácil y ligero

RINDE 6 A 8 PORCIONES

1½ lbs. de filete de pargo, sin piel, y cortado en trozos, o vieiras en lugar de pargo

½ tz. de jugo fresco de lima (extraído de aproximadamente 4 limas)

⅓ de tz. de coco rallado endulzado, más cantidad extra para servir

1½ cebolla roja pequeña, cortada por la mitad y luego en rodajas finas

2 jalapeños, sin las semillas, cortados en rodajas finas

1¼ tz. de pasas

½ tz. de leche de coco

¼ de tz. de hojas de cilantro fresco cortadas, más cantidad extra para servir

1 cda. de hojas de orégano fresco, picadas

Sal y pimienta fresca molida

Chips de tortilla, chips de plátano o canchita (ver pág. 111), para servir (opcional)

El pargo es un pescado muy indicado para el ceviche. No es muy costoso, así que considera servir ceviche cuando tengas invitados a cenar. Les ofrecerás una entrada sofisticada y deliciosa, ¡y todavía te sobrará dinero para comprarte aquellos zapatos nuevos que tanto deseabas! (ver foto, pág. 109).

1 Pon el pargo en un tazón mediano y mézclalo suavemente con el jugo de lima. Cubre el tazón con papel plástico de envolver y refrigera de 30 minutos a 1 hora.

2 Precalienta el horno a 350°F. Pon el coco en una plancha para horno con borde y déjalo tostar unos 10 minutos hasta que adquiera un tono café dorado, sacudiendo la plancha cada 2 minutos, más o menos, para que el coco se tueste de forma pareja. Deja aparte.

3 Escurre el pescado y pásalo a un tazón limpio (elimina la marinada). Añade la cebolla, los jalapeños, las pasas, parte del coco tostado (reserva una parte para decorar), la leche de coco, el cilantro, el orégano y la sal y pimienta a gusto. Mezcla bien. Cubre con papel plástico de envolver y refrigera durante 30 minutos o hasta 3 horas. Espolvorea por encima el coco reservado, las hojas de cilantro y sirve acompañado de chips de tortilla, chips de plátano o canchita.

consejito delicioso: Para eliminar lo amargo de la lima, enjuágate las manos con agua después de exprimir cada lima. El sabor amargo puede deberse a que los aceites naturales de la corteza pasan a tus manos y luego al jugo cuando exprimes varias limas seguidas.

ceviche de salmón con mango

4 filetes de salmón de 6 oz. cada uno, cortados en cubitos pequeños

1 tz. de jugo de naranja fresco (extraído de unas 2 naranjas grandes)

½ tz. de jugo de limón fresco (extraído de unos 3 limones)

½ tz. de jugo de lima fresco (extraído de unas 4 limas)

½ tz. de salsa de soya

½ tz. de *mirin* (vino de arroz usado en la cocina japonesa)

1 cebolla roja, cortada por la mitad y luego en rodajas finas

1 mango, pelado, con la fruta cortada en cubitos (ver pág. 50)

2 a 3 jalapeños (dependiendo de cuán picante quieras el ceviche), cortados en rodajas y sin semillas

¾ de tz. de hojas de cilantro fresco

Chips de tortilla, *chips* de plátano o canchita (ver pág. 111) para servir

El ceviche es una entrada magnífica o cena ligera que se prepara sin usar ni el horno ni la hornilla. De hecho, todo lo que tienes que hacer es mezclar los ingredientes en un recipiente, dejarlo marinar durante una hora y listo, ¡una saludable comida instantánea! Me gusta mezclar en mi ceviche sabores de todas partes del mundo, con influencias muy marcadas de los platos de pescado de Japón y el Sudeste Asiático.

1 Pon el salmón en un tazón mediano y mezcla con el jugo de naranja, el de limón y lima. Cubre con papel plástico de envolver y deja refrigerar de 20 minutos a 1 hora. Escurre el salmón, descartando el jugo y seca los trozos con papel toalla. Pasa los cubitos de salmón a un recipiente limpio, si no lo vas a servir inmediatamente, cubre con papel plástico de envolver y refrigera hasta el momento de servir (hasta por 1 hora).

2 Justo antes de servir, añade al salmón la salsa de soya, el *mirin*, la cebolla, el mango, los jalapeños y el cilantro. Mezcla todo bien y sirve inmediatamente acompañado de *chips* de tortilla, de plátano o canchita.

De arriba abajo:
Ceviche con coco fácil y ligero
Ceviche de salmón con mango
Ceviche refrescante de camarones y menta

ceviche refrescante de camarones
y menta

RINDE 6 A 8 PORCIONES

1 lb. de camarones medianos, sin cola, pelados y desvenados

½ tz. de jugo de lima (extraído de unas 4 limas), más cuñas extra para servir

1 jalapeño pequeño, cortado por la mitad, sin semilla y picado finamente

1 cebolla roja mediana, cortada por la mitad y luego en rodajas finas

2 tz. de sandía sin semillas cortada en cubitos de ½ pulgada

¼ de tz. de hojas de menta fresca cortadas, más unas ramitas extra para decorar

Sal de mar gruesa y pimienta fresca molida

Aceite de oliva extra virgen para salpicar

Chips de tortilla, *chips* de plátano o canchita (ver pág. 111) para servir (opcional)

Los refrescantes sabores marinos latinos y caribeños se mezclan en este ceviche de sabor fresco a base de camarones cocidos. La sal de mar, gruesa y crujiente, resulta un fabuloso acompañante de la dulce sandía y el jalapeño picante. Este es un buen ceviche para servir a aquéllos a quienes les preocupe comer pescado crudo (ver la foto de la pág. 109).

1 Pon a hervir agua con sal en una cacerola y añade los camarones. Inmediatamente apaga el fuego y deja los camarones en el agua caliente hasta que se cocinen por completo, de 2 a 3 minutos. Escurre y pasa los camarones a un tazón grande. Agrega el jugo de lima y el jalapeño, cubre con papel plástico de envolver y refrigera de 10 minutos a 1 hora.

2 Cuando estés lista para servir el ceviche, elimina todo el líquido (menos 1 cucharada del jugo de lima) y agrega la cebolla, la sandía y la sal y pimienta a gusto. Salpica con gotas de aceite de oliva y sirve inmediatamente con cuñas de lima, ramitas de menta y acompañado de *chips* de tortilla, de plátano o canchita.

consejito delicioso: El tipo de cuchara serrada que se usa para comer toronjas es ideal para eliminar las semillas y nervaduras de los jalapeños y aleja los dedos de los jugos picantes del chile.

canchita, el grano de maíz original

Muchos consideran al ceviche el plato nacional de Perú. Se prepara con mucho jugo de lima, el pescado crudo más fresco y a veces un poco de ají amarillo. En Perú, el ceviche se sirve a menudo con granos gigantes de maíz tostado y crujiente llamado canchita (también conocido como cancha), que tiene un sabor similar a las palomitas de maíz sin cocinar. Los incas cultivaban maíz en los Andes y la canchita se considera un antiguo alimento inca. Me encanta servirlo espolvoreado sobre el ceviche o como acompañante del mismo. Lo crujiente del grano contrasta de maravilla con la suavidad del pescado. Buenos sustitutos de la canchita son los *chips* de plátano o de tortilla. ¡He visto incluso recetas que recomiendan servir ceviche con palomitas de maíz como sustituto de la canchita!

Para preparar tu propia canchita, calienta ¾ de taza de aceite de canola o de aceite vegetal en una cacerola grande a fuego mediano-alto durante 2 minutos. Agrega 1 libra de maíz tipo chulpe, tapa la cacerola y reduce el fuego a mediano. Una vez que los granos empiecen a saltar (como las palomitas de maíz), sacude vigorosamente la cacerola para que los granos no se quemen en el fondo. Cuando los granos dejen de saltar, luego de 8 a 10 minutos, escurre la canchita en un colador y frota con papel toalla para eliminar el exceso de aceite. Coloca en una fuente o plato de servir, añade cubitos de queso fresco por encima y sirve. Si no tienes una bodega latina cerca, consulta la sección "La despensa deliciosa", página 10.

salmón caribeño
con salsa de mango y vegetales y salsa barbacoa de guayaba

RINDE 6 PORCIONES

PARA LA SALSA BARBACOA

3 cdas. de aceite vegetal

2 cebollas amarillas, picadas

8 oz. de pasta de guayaba, cortada en trozos

3 cdas. de pasta de tomate

2 cdas. de vinagre de sidra de manzana

2 cabezas completas de anís estrellado

½ cdta. de pimienta *allspice*

¼ de cdta. de polvo de curry

3 cdas. de jugo de lima

1 cda. de ron oscuro

PARA LA SALSA DE MANGO Y VEGETALES

½ tz. de aceite de oliva, más cantidad extra para engrasar el molde de hornear

3 dientes de ajo, picados finamente

¼ de tz. de jugo de lima (extraído de unas 2 limas), más 2 limas cortadas en cuñas para servir

1 cdta. de sal

1 cdta. de pimienta fresca molida

2 mangos, pelados, la fruta cortada en cubitos (ver pág. 50)

Esta es, sin duda, una de mis recetas favoritas. De hecho, durante todo un año cuando mis amistades llegaban a cenar me decían: "Te apuesto a que sé qué vamos a comer". Si tienes que alimentar a un grupo grande de personas con un presupuesto limitado, éste es tu plato. El mango y las verduras crean un buen fondo para el plato y le dan una bonita presentación. Con algo de arroz como acompañante, ya tienes todo lo necesario para una comida por la que vas a recibir muchos elogios. Si no te da tiempo a preparar la salsa barbacoa, mezcla ½ taza de mermelada de guayaba y 1½ tazas de salsa barbacoa de tu marca preferida.

1 Para preparar la salsa barbacoa, calienta el aceite en una sartén grande a fuego mediano-alto durante 1 minuto. Reduce el fuego a mediano, agrega la cebolla y deja cocer, revolviendo a menudo, hasta que se suavice y se dore por los bordes, de 5 a 7 minutos. Agrega la pasta de guayaba, la pasta de tomate, el vinagre, el anís estrellado, la pimienta *allspice* y el polvo de curry. Deja hervir a fuego lento, revolviendo de vez en cuando, hasta que la pasta de guayaba se derrita, aproximadamente 15 minutos. Apaga el fuego y deja que la salsa se enfríe ligeramente. Incorpora el jugo de lima y el ron, mezcla bien, pasa a un tazón pequeño y deja aparte, o cubre con un papel plástico de envolver y refrigera (se conserva hasta por 2 semanas).

2 Para preparar la salsa de mango y vegetales, mezcla el aceite de oliva, el ajo, el jugo de lima, la sal y la pimienta en un tazón grande. Agrega los cubitos de mango, los pimientos, la cebolla roja, el chile (si lo usas) y el cilantro, y mezcla bien. Agrega los frijoles y revuelve hasta que los ingredientes se mezclen bien.

3 Calienta el asador a nivel alto. Forra un molde o una plancha para horno con borde con una doble capa de papel aluminio y engrasa con aceite de oliva o aceite en aerosol.

(la receta continúa)

1 pimiento rojo, sin semillas ni nervaduras, y cortado en cubitos

1 pimiento verde, sin semillas ni nervaduras y cortado en cubitos

1 pimiento amarillo, sin semillas ni nervaduras y cortado en cubitos

1 cebolla roja grande, cortada por la mitad y en rodajas finas

1 chile serrano picado finamente (opcional)

½ tz. de hojas de cilantro fresco picadas

1 lata de 15 oz. de frijoles negros, enjuagados y escurridos

1 costado completo de salmón, de 3½ a 4 lbs.

4 Coloca el salmón sobre la plancha para horno y dobla dos pulgadas de la cola hacia adentro para que te quede de una forma uniforme. Vierte por encima la salsa barbacoa y cocina hasta que la salsa se caramelice y se queme por los bordes y la carne del salmón esté firme y se desmenuce fácilmente, de 8 a 12 minutos para que quede crudo (el salmón quedará rosado en el centro) o de 12 a 15 minutos para que quede bien cocinado.

5 Extiende la salsa de mango y vegetales en una fuente. Cuidadosamente levanta el salmón de la plancha y colócalo sobre los vegetales (usa dos espátulas grandes para moverlo). Exprime unas cuantas cuñas de lima sobre el salmón y sirve con cuñas adicionales a un lado.

PARA LA MARINADA

½ tz. de salsa de soya

½ tz. de jugo de naranja fresco (extraído de 1 naranja grande)

¼ de tz. de *ketchup*

1 cda. de miel

2 cdas. de jugo de lima

1 diente de ajo, picado finamente

1 cdta. de hojas de albahaca fresca, picadas finamente

1 cdta. de hojas de orégano fresco, picadas finamente

Pimienta fresca molida

4 filetes de dorado de 8 oz. cada uno, de aproximadamente 1 pulgada de grosor

PARA LA SALSA

2 tz. de tomates *cherry*, cortados por la mitad

2 cebolletas, las partes blancas y verde claro solamente, picadas finamente

1 lata de 14 oz. de frijoles negros, enjuagados y escurridos

¼ de tz. de hojas de cilantro fresco

1 jalapeño (sin semillas ni nervaduras para reducir el picante), picado finamente

2 cdas. de jugo de lima

Sal

Aceite vegetal o de canola, para engrasar la parrilla

Cuñas de lima para servir

dorado a la parrilla con salsa de frijoles negros

RINDE 4 PORCIONES

Si el clima no está a tu favor y no puedes asar el pescado al aire libre, puedes tostarlo dentro de tu casa sobre una rejilla de hornear. Calienta un poco de aceite en una sartén y fríelo a fuego mediano-alto hasta que ambos lados se doren y la masa se cocine completamente, unos 5 minutos por cada lado.

1 Para preparar la marinada, vierte la salsa de soya, el jugo de naranja, el *ketchup*, la miel, el jugo de lima, la albahaca, el orégano y un poco de pimienta en un tazón pequeño y mezcla hasta que la miel se disuelva completamente. Vierte la mezcla en una bolsa plástica de cierre hermético junto con los filetes de pescado y refrigera de 2 a 3 horas.

2 Para preparar la salsa, echa los tomates *cherry*, las cebolletas, los frijoles negros, el cilantro, el jalapeño y el jugo de lima en un tazón mediano. Agrega sal a gusto y deja aparte para que se asienten los sabores.

3 Precalienta la parrilla a fuego mediano-alto. Vierte un poco de aceite en un tazón pequeño. Con unas tenazas, moja un pedazo de papel toalla en el aceite y úsalo para engrasar la parrilla. Pon el pescado a la parrilla y cocina cada lado hasta que se dore y la carne esté firme y esponjosa, de 10 a 12 minutos en total. Sirve con la salsa de frijoles negros y cuñas de lima.

consejito delicioso: Compra una parrilla acanalada para interiores y podrás cocinar a la parrilla así llueva o haga sol.

sobres de salmón con calabaza amarilla y tomates *cherry*

RINDE 4 PORCIONES

2 calabacines amarillos, cortados en trozos de ½ pulgada de grosor

Sal y pimienta fresca molida

4 filetes de salmón de 6 oz. cada uno, sin la piel

2 cdtas. de orégano seco

1 pinta (2 tz.) de tomates *cherry*, cortados por la mitad

4 cebolletas, la parte blanca y verde claro solamente, cortadas en trozos de 1 pulgada de largo

2 limones, cortados por la mitad, más cuñas extra de limón para servir

consejito delicioso:
Estos "sobres" se pueden usar para cocinar todo tipo de pescado o mariscos y hasta carnes, como la de lomo o falda.

Me encanta cocinar en sobres de papel pergamino. El pescado se cocina dentro del nítido paquete y no tengo ni que lavar cacerolas. Si no tienes papel pergamino, el papel de aluminio funciona igual de bien. Preséntale a cada invitado su sobre dispuesto sobre el plato, y déjalos que los abran ellos mismos: el vapor y el aroma que despiden les abrirán el apetito.

1 Precalienta el horno a 350°F.

2 Coloca rectángulos de papel pergamino de 16 pulgadas de largo sobre la superficie de trabajo con el lado más corto frente a ti. Dóblalos por la mitad marcando el centro. Coloca varios de los trozos de calabacín en una fila, ligeramente superpuestos, en el centro de la mitad inferior del rectángulo. Esto formará la base o cama para el pescado. Espolvorea el calabacín con sal y pimienta y luego coloca los filetes de salmón encima. Sazona cada filete con ½ cucharadita del orégano y sal y pimienta a gusto. Encima del salmón coloca algunos tomates *cherry*, trocitos de cebolleta y remoja con el jugo de ½ limón.

3 Dobla el pergamino sobre el pescado, de forma que se unan los bordes superior e inferior. Cierra firmemente el papel por los costados doblando hacia adentro y luego el borde restante para sellar el sobre. Coloca cada paquete sobre una plancha para horno que tenga borde y hornea de 10 a 12 minutos para los filetes de 1 pulgada de grosor, y de 14 a 16 minutos si tienen 1½ pulgadas de grosor.

4 Saca el pescado del horno y abre con cuidado los sobres. Con una espátula larga y plana, levanta el pescado junto con la calabaza y el resto de los vegetales y pasa a un plato. Vierte por encima los jugos del sobre y sirve con una cuña de limón.

sobres de pargo con mojo de
cilantro y limoncillo

RINDE 4 PORCIONES

5 tallos de limoncillo de 4 pulgadas, el bulbo blanco solamente, el extremo de la raíz cortado y las capas exteriores eliminadas, los tallos aplastados con el mango de un cuchillo y picados finamente

1 tz. colmada de hojas de cilantro fresco

½ tz. bien compacta de hojas de menta fresca, más 2 cdas. de menta picada para decorar

1 tz. de aceite de oliva extra virgen

2 dientes de ajo pelado

2 jalapeños, cortados por la mitad, sin semillas y picados

1 cda. de pimentón

1 cdta. de sal

2 cdas. de vinagre de vino de Jerez

4 filetes de pargo de 8 oz. cada uno, de ¾ a 1 pulgada de grosor

Estos sobres son muy, muy fáciles de preparar y el pescado queda saludable, con aroma y nunca se reseca. ¡Abre los sobres para liberar un aroma que es pura tentación! Agrégales papas, espárragos o calabacines para una comida completa en un dos por tres. El mojo es una salsa para marinar rica en ajo que se usa en el Caribe y también en varios países latinoamericanos. Como es muy ácido no dejes el pescado marinar por más de una hora en el mojo o se "cocinará" completamente como en el caso del ceviche (ver foto, pág. 104).

1 Coloca el limoncillo, el cilantro (reserva 2 cucharadas), la menta, ½ taza de aceite, el ajo, los jalapeños, el pimentón y la sal en el procesador de alimentos o la licuadora y procesa hasta que se forme una mezcla suave. Agrega la ½ taza de aceite restante y el vinagre y procesa para mezclar bien. Coloca los filetes de pescado en un molde para horno grande, cubre con el mojo y da la vuelta para cubrir por el otro lado. Cubre el molde con papel plástico de envolver y refrigera hasta por 1 hora.

2 Precalienta el horno a 350°F. Coloca 4 rectángulos de papel pergamino de 16 pulgadas de largo sobre la superficie de trabajo con el lado corto frente a ti. Dobla por la mitad marcando el centro. Coloca un filete en el centro de la mitad inferior del rectángulo. Por encima de cada filete, vierte ¼ de taza de mojo y espolvorea las dos cucharadas de cilantro restantes. Dobla el papel de forma que se unan el borde superior e inferior. Ahora dobla firmemente el papel por los costados para sellar el sobre. Coloca los sobres en una plancha para horno con borde y hornea de 9 a 10 minutos para los filetes de ¾ de pulgada de grosor y hasta 12 minutos para los de 1 pulgada de grosor.

3 Coloca los sobres de pescado sobre una fuente y ábrelos. Sirve el pescado rociado con los jugos del sobre y decorado con hojas de menta.

camarones con coñac al estilo de papá

RINDE 4 PORCIONES

- 2 cdas. de mantequilla sin sal
- 1 cda. de aceite de oliva
- 3 dientes de ajo picados finamente
- 1 lb. de camarones medianos, pelados y desvenados
- 2 cdtas. de salsa inglesa
- ⅛ de cdta. de salsa Tabasco (o más a gusto)
- 1 cda. de hojas de orégano fresco picado
- Sal y pimienta fresca molida
- ½ tz. de *ketchup*
- 2 cdas. de coñac
- 3 cdas. de perejil fresco de hoja plana, picado

¡Qué rico! ¡Sabe tan bien! Si te gusta el camarón con mucho ajo y mantequilla, tienes que probar esta receta de mi padre que los prepara en salsa picante con coñac. ¡Mientras esté viva, voy a cocinar este plato! Mi papá, que es un excelente cocinero, tomó la idea de un chef colombiano y él, mami y yo estamos siempre compitiendo unos con otros para perfeccionar la receta. Sírvelo sobre pasta o arroz blanco y podrás probar un trocito del cielo. Ten siempre una bolsa de camarones en el congelador —vienen bien cuando no tienes idea de qué preparar para la cena. Coloca la bolsa sellada en un recipiente grande y descongela los camarones bajo el agua de la pila del fregadero, o déjalos un rato en un recipiente con agua fría —sólo tienes que acordarte de agregar agua fría cada 20 minutos más o menos.

1 Derrite la mantequilla con el aceite de oliva en una sartén grande a fuego mediano. Agrega el ajo y deja cocer, revolviendo frecuentemente, hasta que la mezcla despida olor, de 1 a 2 minutos. Agrega los camarones, la salsa inglesa, el Tabasco, el orégano, la sal y pimienta y hierve la mezcla a fuego lento hasta que los camarones se cocinen parcialmente y se empiecen a enroscar, aproximadamente 2 minutos.

2 Agrega el *ketchup* y deja cocer a fuego bajo hasta que los camarones se tornen opacos y se cocinen completamente, unos 2 minutos más. Añade el coñac y el perejil, revuelve para combinar todo bien, retira del fuego y sirve.

consejito delicioso: Por regla general, para que el camarón no quede excesivamente cocinado, no lo dejes cocer por más de 5 minutos en total.

tilapia con lima-limón y salsa de melón

1 tz. de melón dulce cortado en cubitos de ½ pulgada

1 mango, pelado, con la fruta cortada en cubitos de ½ pulgada (ver pág. 50), alrededor de 1 tz.

1 jalapeño, cortado por la mitad, sin semillas y picado finamente

¼ de tz. de jugo de lima (extraído de 2 limas)

¼ de tz. de vinagre de arroz

¼ de tz. de hojas de cilantro fresco picado

⅔ de tz. de jugo de limón (extraído de 2½ limones)

2 cdtas. de Adobo delicioso (ver pág. 22)

2 dientes de ajo picados finamente

4 filetes de tilapia de 6 oz. cada uno

1 cda. de aceite vegetal o de canola

La tilapia es ligera y delicada y no tiene un sabor intenso a pescado. Los filetes son delgaditos, por lo que no debes manipularlos mucho una vez que estén en la sartén para que no se partan. El adobo es mi sazón para todo uso, lo utilizo en casi todo lo que necesite una inyección de sabor. Prepara el tuyo siguiendo la receta de la página 22 y consulta la sección "La despensa deliciosa" de la página 10. Si lo guardas en un recipiente hermético en un lugar oscuro y fresco se conservará hasta por seis meses. Si te sobra fruta de la preparación de la salsa, guárdala en bolsas plásticas de cierre hermético. Congélalas y úsalas para preparar batidos.

1 Coloca el melón, el mango, el jalapeño, el jugo de lima, el vinagre y el cilantro en un tazón mediano. Revuelve para combinar bien los ingredientes, cubre con papel plástico de envolver y refrigera por lo menos 1 hora y hasta por 1 día.

2 En un tazón poco profundo revuelve el jugo de limón, ⅓ de taza de agua, el adobo y el ajo. Agrega la tilapia y voltea para mojar el otro lado. Cubre con papel plástico de envolver y refrigera por lo menos 20 minutos y hasta por 1 hora.

3 Precalienta el asador a nivel alto. Forra una plancha para horno con papel aluminio y engrasa ligeramente con el aceite. Retira el pescado de la marinada y distribuye los filetes sobre la plancha. Déjalos asar durante 8 minutos sin dar la vuelta, hasta que el pescado se cocine completamente y la masa se desprenda fácilmente. Sirve con la salsa de melón.

camarones al tomatillo

RINDE 4 PORCIONES

3 cdas. de aceite de oliva

1 lb. (3 a 4) de ajíes poblanos frescos, sin semillas ni nervaduras y picados en trozos

6 dientes de ajo, finamente picados

1 lb. de tomatillos, sin cáscara, escurridos y cortados en cuartos

1½ cdtas. de sal, más cantidad extra para los camarones

3 cdas. de mantequilla sin sal

2 lbs. de camarones grandes, pelados y desvenados

Pimienta fresca molida

4 tz. de cilantro fresco picado

Cuando viajo me gusta tomar clases de cocina en las ciudades que visito, especialmente si se trata de una ofrecida por un cocinero informal y autodidacta. Encuentro que un estilo relajado y práctico a la hora de combinar los alimentos refleja mucho mejor mi propia forma de cocinar y de comer. He tomado clases desde el Valle de Napa hasta París y desde la Toscana a la Florida. Aprendí a preparar estos camarones al estilo mexicano en una clase que tomé en Ciudad de México. Lleva toneladas de cilantro, tomatillos de intenso sabor y ajíes poblanos que le dan a este plato un sabor realmente delicioso.

1 Calienta el aceite de oliva en una sartén grande a fuego mediano-alto durante 1 minuto. Agrega los ajíes cortados y la mitad del ajo y deja cocer hasta que los ajíes comiencen a suavizarse, alrededor de 5 minutos. Agrega los tomatillos y la sal, reduce el fuego a mediano-bajo y deja cocer, revolviendo de cuando en cuando, hasta que los tomatillos comiencen a deshacerse y suelten líquido, alrededor de 10 minutos.

2 Pasa la salsa de tomatillo a la licuadora, haz un puré y deja aparte.

3 Derrite la mantequilla en una sartén grande a fuego mediano-alto. Agrega los camarones, sazónalos con sal y pimienta y añade el resto del ajo picado. Deja cocer, revolviendo frecuentemente, hasta que el ajo comience a oler, de 1 a 2 minutos. Incorpora la salsa de tomatillo y deja hervir a fuego lento hasta que los camarones se tornen opacos y se enrosquen, de 1 a 2 minutos más. Sirve decorado con el cilantro por encima.

pollo,
de mil y una formas

aunque aparentemente la comida sudamericana favorece mucho la carne de res (porque tenemos el mejor ganado del mundo, me atrevo a decir), muy a menudo encontramos al pollo en nuestros platos.

El pollo es una importante fuente de proteína en Sudamérica. No podría imaginar la vida sin el Fricasé de pollo de abuela Tita, el fantástico Arroz con pollo de mi madre o el pavo que preparaba en los días de fiesta. De hecho, Sudamérica tiene más asaderos —restaurantes de comida rápida especializados en pollo cocinado a la parrilla o a la rotisería— que restaurantes de hamburguesas. Ahora que lo pienso, ¿no se le ocurrió al Coronel el eslogan "para chuparse los dedos" (*finger-licking good*) después de visitar Colombia y ver a la gente disfrutar un jugoso y tostado muslo de pollo, chupándose los dedos hasta el último pedacito?

Cuando me mudé a Estados Unidos, al principio no entendía por qué los platos que siempre había preparado en casa como el Pollo con lima y romero o el Pollo pendejo no sabían igual. ¿Adónde habían ido a parar los sabores ricos e intensos que conocía? A mi madre, que se mudó a Miami después que yo, le pasó lo mismo. No fue hasta que cociné un pollo orgánico que mis platos me quedaron más o menos igual que los que comía en casa. No compro pollo orgánico por seguir la moda o por esnobismo. Sencillamente, saben mejor y para mí el sabor vale un par de dólares extra.

Si prefieres comprar el pollo deshuesado, encontrarás aquí muchísima inspiración y formas de darle sabor. Yo personalmente prefiero los muslos. Me encanta comer muslos de pollo con las manos y morder cada pedacito de carne hasta pelar el hueso. Si también te gustan los muslos entonces no vengas a casa a comer cuando haga mi pollo asado a no ser que vengas preparada para pelearte conmigo por tu pieza favorita. ¡Que gane el que más hambre tenga!

alitas de pollo con salsa de mango y tamarindo

RINDE 4 A 8 PORCIONES

2 mangos grandes, pelados, y la fruta cortada en trozos gruesos (ver pág. 50)

⅓ de tz. de azúcar moreno

2 cdtas. de salsa inglesa

4 cdtas. de pasta de tamarindo (no pulpa de tamarindo; consulta la sección "La despensa deliciosa", pág. 10)

1 cda. de aceite vegetal

½ cdta. de pimienta roja en polvo

2 dientes de ajo cortados en trozos grandes

2 lbs. de alitas de pollo (las puntas cortadas) o de muslos de pollo, enjuagados y secos

Sal y pimienta fresca molida

1 cda. de aceite de canola o aceite vegetal para engrasar la parrilla de hornear

No hay nada que me satisfaga más que sentarme a comer algo bien sabroso con las manos, y por eso me encantan las alitas de pollo. Más vale que escojas bien tu lista de invitados y dejes los más convencionales para otro momento y con otro menú. Las alitas de pollo son para comerlas con tus amigos más íntimos, a los que no les importe que te chupes los dedos. Las vainas de tamarindo son la fruta de un árbol oriundo de Asia y el norte de África. La pasta, hecha con las semillas de la vaina, le da a esta salsa un fantástico e intenso sabor agridulce. Encontrarás pasta de tamarindo en muchos supermercados, tiendas *gourmet* y en mercados hindúes o asiáticos.

1 Echa los trozos de mangos, el azúcar moreno, la salsa inglesa, la pasta de tamarindo, el aceite, la pimienta y el ajo en el tazón de la licuadora y haz un puré suave.

2 Coloca las alitas de pollo en un tazón grande y sazona con sal y pimienta. Agrega sólo la salsa suficiente como para cubrir las alas (alrededor de ½ taza, reserva el resto), y revuelve para que se impregnen bien. Cubre el pollo con papel plástico y refrigera de 30 minutos a 1 hora.

3 Precalienta el horno a 400°F. Cubre una plancha para horno con borde con papel aluminio y engrasa el papel con el aceite. Saca las alitas de pollo de la salsa, dejando escurrir el exceso en el mismo tazón. Coloca las alitas en la plancha para horno y hornea durante 30 minutos. Entonces, ajusta la parrilla de forma que esté a 6 pulgadas de la fuente de calor, calienta el asador a nivel alto y asa las alitas durante 3 a 5 minutos o hasta que la salsa empiece a chisporrotear.

4 Mientras se hornean las alitas, pon la salsa reservada en una cacerola pequeña y deja que hierva. Reduce el fuego a mediano-bajo y deja hervir a fuego lento hasta que tenga consistencia de sirope, entre 5 y 10 minutos. Sirve las alitas calientes con la salsa de mango y tamarindo para remojar.

enchiladas de pollo
con salsa ultrarrápida

RINDE 6 PORCIONES

PARA LA SALSA

1 lata de 10 oz. de tomates picados con chiles verdes, escurridos

2 cebolletas, partes blanca y verde claro solamente, picadas finamente

1 jalapeño, sin semilla ni nervaduras y picado finamente (opcional)

¼ de tz. de hojas de cilantro picadas finamente

2 cdas. de jugo de lima (extraído de 1 lima)

Sal

PARA LAS ENCHILADAS

1 cda. de mantequilla sin sal a temperatura ambiente

4 tz. de pollo asado desmenuzado o la carne desmenuzada de 2 pechugas cocinadas

12 oz. de queso *Cheddar* rallado (alrededor de 2 tz.)

2 tz. de crema agria

½ cebolla roja pequeña, picada finamente

Sal y pimienta fresca molida

6 tortillas de harina de 8 pulgadas de diámetro

El pollo asado a la rotisería es una de las mejores armas secretas de la cocinera. Cuando tengo ganas de comer ensalada o sopa de pollo, o estas enchiladas, empiezo con un pollo entero asado que me permite prepararlas con muy poco trabajo. Si te ha sobrado pollo asado, también sirve en esta receta. Y aunque la salsa es rapidísima de preparar, a veces no es tan rápida como uno quisiera. En ese caso uso un frasco de mi salsa favorita comprada en el supermercado.

1 Para hacer la salsa, pon los tomates, las cebolletas, el jalapeño (si lo usas), el cilantro, el jugo de lima y un poco de sal en un tazón mediano. Revuelve los ingredientes. Deja aparte a temperatura ambiente hasta que estés lista para servir las enchiladas.

2 Para preparar las enchiladas, precalienta el horno a 350°F. Engrasa un molde para horno de 9 x 13 pulgadas con la mantequilla y deja aparte.

3 Pon el pollo en un tazón grande. Agrega 1½ tazas del queso rallado, la crema agria, la cebolla y un poco de sal y pimienta. Mezcla bien.

4 Coloca las tortillas en tu superficie de trabajo. Con una cuchara, vierte alrededor de 1 taza de la mezcla de pollo en el centro de cada tortilla y enrolla. Coloca las tortillas (borde hacia abajo) en el molde para horno (van a quedar bien pegaditas). Distribuye la salsa sobre las tortillas. Cubre con papel de aluminio y hornea hasta que se calienten completamente, alrededor de 40 minutos.

5 Retira el papel y espolvorea las enchiladas con la ½ taza de queso restante. Pon el molde de nuevo al horno y deja que el queso se derrita y los bordes de las tortillas comiencen a encresparse, de 5 a 8 minutos. Sirve caliente.

pechugas de pollo
con guayaba y jengibre

RINDE 4 PORCIONES

⅔ de tz. de mermelada de guayaba (no pasta de guayaba)

2 cdas. de jugo de lima (extraído de 1 lima)

1 cda. de salsa de soya

2 cebolletas, partes blancas y verde claro solamente, picadas finamente

Un pedazo de jengibre de ½ pulgada, pelado y rallado

4 pechugas de pollo sin piel (elimina el exceso de grasa), enjuagadas y secas

1 cda. de aceite de canola o aceite vegetal para engrasar el molde de hornear

La guayaba le presta una maravillosa dulzura y un hermoso color a este plato de pollo. El sabor es excitante y exótico y realmente le da vida a las pechugas. La guayaba, ya sea fresca, enlatada o en pasta o mermelada, es una de las frutas tropicales con la que más me gusta experimentar. Si no puedes encontrar mermelada o mermelada de guayaba, sustitúyela por mermelada de mango, de higo o de cualquier fruta cítrica.

1 Une la mermelada de guayaba, el jugo de lima, la salsa de soya, las cebolletas y el jengibre en una cacerola pequeña y revuelve todo bien a fuego alto. Cuando la mezcla rompa a hervir, pasa la mezcla a un tazón y deja enfriar ligeramente.

2 Coloca el pollo en un tazón grande y agrega 3 cucharadas de la marinada de guayaba. Da vuelta al pollo para que se impregne bien por todos lados, cubre con papel plástico de envolver y deja marinar en el refrigerador de 30 minutos a 1 hora.

3 Precalienta el horno a 350°F. Cubre el fondo de un molde para asar con papel aluminio y ligeramente engrasa la pieza superior perforada con el aceite. Coloca el pollo sobre la pieza engrasada y cubre con papel aluminio. Hornea durante 15 minutos, entonces retira el papel y unta el pollo con la marinada de guayaba restante. Pon de nuevo al horno, sin tapar y hornea hasta que el pollo esté completamente cocinado, de 13 a 15 minutos. Saca del horno y sirve.

consejito delicioso: La próxima vez que tu supermercado ponga en oferta pechugas de pollo, compra bastantes para congelar. Envuelve cada pechuga en bolsitas plásticas para congelar de cierre hermético (el papel plástico regular deja entrar el aire). Congela las pechugas colocándolas bien planas sobre una plancha para horno. Transfiere las pechugas planas congeladas a una bolsa grande para congelar. De esa forma puedes descongelar las que necesites, desde una hasta varias.

pollo pendejo

RINDE 4 A 6 PORCIONES

3 cdas. de Adobo delicioso (ver pág. 22) o adobo comprado (consulta la sección "La despensa deliciosa", pág. 10).

3 cdas. de salsa inglesa

4 mitades de pechuga de pollo, sin hueso ni piel y sin grasa, escurridas, secas y cortadas en trozos de 1½ pulgadas

1 cda. de aceite de oliva

4 cdas. de mantequilla sin sal

1 cebolla amarilla mediana, cortada por la mitad y luego en rodajas finas

2 dientes de ajo, picados finamente

1 tz. de cerveza *light*

1 paquete de hongos de 8 oz. cortados en rodajas

Esta receta se puede interpretar como "pollo idiota" probablemente porque resulta bastante difícil echarlo a perder. Marinado y cocinado en cerveza, este pollo tiene prácticamente garantía absoluta de quedar jugoso, a no ser que de verdad lo cocines demasiado tiempo (si te preocupa dejar el pollo crudo, inserta un termómetro digital en la parte más gruesa de la pechuga cocinada hasta que te asegures de que alcanza 160°F antes de servir). Si no tienes a mano la salsa inglesa, prueba con salsa de soya. Sirve con tallarines con mantequilla o puré de papas.

1 Echa el adobo y la salsa inglesa en una bolsa plástica de cierre hermético de 1 galón de capacidad. Agrega el pollo y deja que se impregne bien por todos lados. Refrigera el pollo por lo menos 30 minutos, o hasta el día siguiente.

2 Calienta el aceite y la mantequilla en una sartén grande a fuego mediano-alto. Cuando se derrita la mantequilla, agrega la cebolla y el ajo. Reduce el calor a mediano y deja cocer, revolviendo de vez en cuando hasta que la cebolla esté suave y comience a dorarse, alrededor de 5 minutos.

3 Retira el pollo de la marinada y reserva el líquido que quedó en la bolsa. Seca el pollo con papel toalla y ponlo en la sartén. Déjalo al fuego hasta que se dore por todos lados, aproximadamente 10 minutos. Añade el líquido reservado de la marinada, la cerveza y los hongos. Deja hervir a fuego lento hasta que la salsa se espese y adquiera la consistencia de una crema espesa, aproximadamente 15 minutos. Retira del fuego y sirve.

consejito delicioso: Cuando compro pechugas en gran cantidad para congelar, uso un marcador de tinta indeleble para escribir en la bolsa la fecha en que las compré y me aseguro de usar el pollo congelado en un mes o dos como máximo.

pechugas de pollo con cubierta de maní

RINDE 4 PORCIONES

½ tz. de maní crudos enteros

¼ de tz. de pepitas de calabaza

1½ cdtas. de coriandro molido

1 cdta. de comino molido

1 cdta. de pimentón

1 cdta. de tomillo seco

1 cdta. de sal

½ cdta. de pimienta fresca molida

2 huevos, ligeramente batidos

4 pechugas de pollo, sin hueso ni piel, y sin grasa, enjuagadas y secas

2 cdas. de aceite de oliva

Estas pechugas quedan realmente fantásticas, crujientes y con sabor intenso. Son gruesas y jugosas, pero si prefieres los cortes más finos de pechuga de pollo puedes usarlos igual, recordando que sólo requieren la mitad del tiempo de cocción. Son excelentes por sí solas, pero puedes acompañarlas con una salsa, como la de ají (ver pág. 102), la salsa chimichurri (ver pág. 162) o una rápida mayonesa de chipotle.

Para preparar la mayonesa de chipotle, corta en trocitos un chile chipotle tomado de una lata de chipotles en adobo y mézclalos con ¼ de taza de mayonesa y una cucharadita del adobo de la lata. Como toque final, agrégale un chorrito de lima que le servirá de contraste al sabor del chipotle.

1 Precalienta el horno a 350°F. Coloca el maní en una bandeja para horno con borde y tuéstalos hasta que se empiecen a dorar ligeramente, alrededor de 5 minutos, sacudiendo la bandeja a mitad de la cocción. Agrega las pepitas de calabaza a la bandeja y deja tostar, sacudiendo la bandeja para que los ingredientes se doren de forma pareja, y hasta que tanto el maní como las pepitas de calabaza estén ligeramente tostados, alrededor de otros 5 minutos.

2 Coloca el maní, las pepitas de calabaza, el coriandro, el comino, el pimentón, el tomillo, la sal y la pimienta en un molinillo para especias, un molino de café o el procesador de alimentos y procesa hasta reducirlo a grano (no lo proceses demasiado o se volverá una pasta), y transfiere la mezcla a un plato.

3 Vierte los huevos batidos sobre un plato. Moja cada pechuga en la mezcla de huevo y luego pásala por la mezcla de maní, presionando para que se adhiera por toda la superficie de la pechuga. Ve colocando las pechugas cubiertas con el maní sobre un plato, cubre con papel plástico de envolver y refrigera durante 30 minutos.

4 Calienta el aceite de oliva en una sartén grande a fuego mediano-alto. Pon las pechugas en la sartén y deja cocer hasta que se doren por ambos lados, de 12 a 16 minutos en total. Retíralas del fuego y sirve.

pollo a la parrilla
con salsa de maíz y frijoles negros

RINDE 4 PORCIONES

PARA LA SALSA

1½ tz. de maíz en grano fresco o congelado (lo que rinde aproximadamente 1 mazorca)

3 cdas. de jugo de limón (extraído de 1 limón)

2 cdas. de aceite de oliva

1 lata de 15 oz. de frijoles negros, enjuagados y escurridos

1 tz. de jícama pelada y picada (unas 8 oz.)

2 tomates ciruela, sin semillas, descorazonados y picados

2 cebolletas, partes blancas y verde claro solamente, picadas finamente

¼ de tz. de hojas de perejil de hoja plana, picadas finamente

Sal y pimienta fresca molida

PARA EL POLLO

¼ de tz. de azúcar moreno

1 cda. de pimienta *allspice*

2 cdtas. de polvo de ajo (o 3 dientes de ajo, picados finamente)

Sal

⅛ cdta. de pimienta de Cayena (o más a gusto)

4 pechugas de pollo sin hueso ni piel, y sin grasa, enjuagadas y secas

1½ tz. de aceite de canola o aceite vegetal

Duplica o triplica la cantidad de la salsa, sirve una parte con el pollo y convierte el resto en otro plato diferente. Transfórmala en ensalada con unas dos tazas de rúcula o rábano cortados, aderezados con 2 cucharadas de aceite de oliva. Como ensalada de pasta, agrégale 12 onzas de pasta bien cocinada, ½ taza de leche evaporada, ¼ de taza de aceite de oliva y queso *feta* o queso cotija desmoronado por encima.

1 Para preparar la salsa, llena una cacerola mediana con agua y deja hervir. Agrega los granos de maíz y deja cocer de 1 a 2 minutos, o hasta que se ablanden. Cuela y deja aparte para que se enfríen.

2 Mezcla el jugo de limón y el aceite de oliva en un tazón grande. Agrega el maíz, los frijoles, la jícama, los tomates, las cebolletas, el perejil y la sal y pimienta a gusto. Mezcla para combinar los ingredientes, cubre con papel plástico de envolver y deja aparte o refrigera hasta que estés lista para servir.

3 Para preparar el pollo, precalienta el asador a fuego alto.

4 Combina el azúcar moreno, la pimienta *allspice*, el ajo (fresco o en polvo), la sal y la pimienta de Cayena en un tazón pequeño. Coloca 1 pechuga entre dos pedazos de papel plástico de envolver y, usando un mazo para carne o un rodillo, aplástala hasta que tenga ½ pulgada de grosor. Repite con el resto de las pechugas. Seca las pechugas con papel toalla y frótalas con aceite vegetal. Salpica por encima la mezcla de especias y frótala bien por toda la superficie.

5 Pon las pechugas a la parrilla hasta que cada parte se quede marcada con las barras de la parrilla y el pollo se cocine completamente, de 6 a 8 minutos en total.

6 Retira las pechugas de la parrilla y déjalas reposar sobre una fuente durante 5 minutos. Sirve con la salsa de maíz y frijoles.

pechugas de pollo rellenas
con hongos y salsa de tomate y comino

RINDE 4 PORCIONES

PARA LA SALSA

1 lata de 28 oz. de tomates cortados en cubitos, escurridos

2 cdas. de vinagre de vino tinto

2 dientes de ajo, picados finamente

1 cda. de pasta de tomate

1 cdta. de comino molido

1½ cdtas. de pimentón

¼ de tz. de aceite de oliva

Sal y pimienta fresca molida

Aquí tienes una técnica que te ofrece una presentación de restaurante con poco esfuerzo. Una capa delgadita de pechuga de pollo se enrolla alrededor de un delicioso relleno de hongos y entonces se envuelve con un pedazo de papel plástico formando un cilindro bien apretado. Éste, a su vez, se vuelve a enrollar con un pedazo de papel de aluminio. Ya cocinado y libre de las envolturas, el pollo mantiene la forma de un cilindro perfecto y permite cortarlo en medallones muy parejos. El achiote es la cúrcuma de la cocina latina y le añade un sabor suave y aromático, más un intenso color a platos como el pollo y el arroz.

1 Para hacer la salsa, echa los tomates, el vinagre, el ajo, la pasta de tomate, el comino y el pimentón en el procesador de alimentos y pulsa hasta que se combinen bien. Con el motor encendido, agrega el aceite de oliva lentamente, en un chorro continuo y procesa hasta que todo se mezcle bien. Sazona a gusto con la sal y la pimienta negra. Cubre con papel plástico de envolver y deja aparte sobre el mostrador de la cocina o en el refrigerador.

2 Para preparar el pollo, calienta el aceite de oliva en una sartén grande a fuego mediano-alto. Agrega la cebolla y el ajo y deja cocer, revolviendo de vez en cuando, hasta que la cebolla se suavice y se empiece a dorar, aproximadamente 5 minutos. Reduce el fuego a mediano-bajo y añade los hongos. Cocina, revolviendo un par de veces, hasta que los hongos empiecen a desprender la humedad, aproximadamente 10 minutos, entonces sazona con sal y pimienta. Incorpora el vino de Jerez, el tomillo y el coriandro y sigue la cocción hasta que la mezcla se seque, unos 5 minutos más. Apaga el fuego y deja aparte.

3 Coloca las pechugas de pollo entre dos pedazos de papel plástico de envolver. Con un mazo para suavizar carnes o un rodillo, aplástalas hasta que tengan ¼ de pulgada de grosor. Repite con las 3 pechugas restantes. Seca las pechugas con papel toalla y sazónalas por ambos lados con sal y pimienta. Espolvorea la parte de afuera de la pechuga (la que llevaba la piel) con el achiote molido, de forma pareja, y dale la vuelta (ésta será la parte externa del rollo). Coloca 2 cucharadas colmadas de la mezcla de hongos en el centro

PARA EL POLLO

2 cdas. de aceite de oliva

½ cebolla roja pequeña, picada finamente

3 dientes de ajo, picados finamente

2 paquetes de 8 oz. de hongos blancos cortados en rodajas (alrededor de 4 tz.)

Sal y pimienta fresca molida

1 cda. de vino de Jerez seco

½ cdta. de tomillo seco o 1 cdta. de hojas frescas de tomillo picadas

½ cdta. de coriandro molido

4 mitades de pechuga de pollo sin hueso ni piel, y sin grasa (elimina también la parte del lomo o solomillo y reserva para usar en otro momento)

2 cdtas. de achiote en polvo

Ramas de tomillo para decorar

de la pechuga y envuelve los extremos superior e inferior muy firmemente alrededor del relleno. Dobla los lados para formar un paquete parejo y nítido. Envuelve la pechuga rellena en una pieza de papel plástico de envolver de 12 x 18 pulgadas, enroscando los extremos igual que un caramelo. Anuda los extremos y envuelve el rollo en un pedazo de papel aluminio. Repite con el resto de las pechugas.

4 Pon a hervir agua en una cacerola grande. Agrega los paquetes de pechuga y reduce el fuego a mediano-bajo. Deja hervir a fuego lento durante 18 minutos. Cuidadosamente retira los rollos del agua y deja aparte para que se enfríen ligeramente.

5 Mientras el pollo se enfría, echa la salsa de tomate y comino en una cacerola pequeña y deja calentar a fuego mediano-alto. Con tijeras de cocina recorta las puntas de los paquetes de papel aluminio y retira con cuidado el papel aluminio y el plástico (si estuvieran muy calientes, utiliza pinzas de cocina). Corta cada pechuga en ruedas de ½ pulgada. Coloca las ruedas en una fuente, vierte la salsa por los lados y sirve.

pollo con ron

RINDE 4 A 6 PORCIONES

⅔ de tz. de ron oscuro

⅓ de tz. de jugo de naranja más 1 cdta. de cáscara de naranja rallada y 1 naranja cortada en ruedas muy finas para decorar

3 cdas. de salsa inglesa

1 pedazo de jengibre de 1 pulgada, pelado y rallado

2 cdas. de azúcar moreno

6 dientes de ajo, picados finamente

¼ de tz. de hojas de cilantro fresco picadas

2 lbs. de pechugas de pollo sin hueso ni piel (o de muslos de pollo), y sin grasa, enjuagadas y secas

En mis fiestas uso pollo con frecuencia, y el Pollo con ron es divertido, económico y siempre tiene mucho éxito entre los invitados. Para añadirle una cubierta fantástica, pon a la parrilla, al asador o pasa por la sartén (con un poquito de aceite) unos trozos de piña fresca. Mézclalos luego con jugo de lima, jalapeños picaditos y unas gotas de aceite. Si el tiempo no te permite cocinar en la parrilla al aire libre, asa el pollo al horno o pásalo por la sartén.

1 Mezcla el ron, el jugo de naranja, la ralladura de naranja, la salsa inglesa, el jengibre, el azúcar moreno, el ajo y 2 cucharadas del cilantro en un tazón grande. Añade las piezas de pollo, cubre con papel plástico de envolver y refrigera de 30 minutos hasta por 4 horas.

2 Precalienta la parrilla a fuego mediano. Retira el pollo de la marinada, reservando la marinada. Elimina también cualquier trocito de las especias que quedara adherido al pollo. Cocina el pollo hasta que se dore por ambos lados y el líquido salga claro, alrededor de unos 10 minutos por cada lado, untando con una brochita la marinada sobrante por toda la superficie del pollo varias veces durante la cocción. (Como medida de seguridad, no untes el pollo de nuevo cuando lo voltees por última vez, para evitar que la marinada se quede sin cocinar completamente.) Sirve el pollo aderezado con las 2 cucharadas restantes de cilantro y adornado con las ruedas de naranja.

pollo con lima y salsa de aguacate

RINDE 4 PORCIONES

PARA LA SALSA

2 tomates medianos, cortados por la mitad, descorazonados y picados

½ cebolla blanca, picada finamente

1 tz. de hojas de cilantro fresco picadas

2 cdas. de vinagre blanco

Sal y pimienta fresca molida

3 aguacates medianos tipo Hass, cortados por la mitad, sin la semilla, pelados y cortados en trozos

PARA EL POLLO

4 cdas. (½ barra) de mantequilla sin sal

8 muslos de pollo sin hueso, piel, y grasa, enjuagados y secos

1 cdta. de sal

1 cdta. de pimienta fresca molida

½ cdta. de pimentón

1 cebolla amarilla grande, picada finamente

1 diente de ajo, picado finamente

⅓ de tz. de jugo de lima (extraído de unas 3 limas), más cuñas de lima para servir

La carne oscura del pollo es más jugosa que la blanca y soporta mejor los ácidos fuertes como el jugo de lima. Si no encuentras muslos deshuesados, puedes usarlos con hueso (o deshuesarlos tú misma). La textura de la salsa es un poco gruesa, lo que logra un buen contraste con la suavidad del aguacate y el pollo.

1 Para hacer la salsa, mezcla los tomates, la cebolla, el cilantro, el vinagre, la sal y la pimienta en un tazón grande. Agrega el aguacate, revuelve suavemente para mezclar bien y deja aparte.

2 Para hacer el pollo, derrite la mantequilla en una sartén grande a fuego mediano-alto. Agrega el pollo y cocina hasta que se dore por todos lados, unos 8 minutos. Espolvorea el pollo con la sal, la pimienta y el pimentón. Agrega a la sartén la cebolla y el ajo y deja cocer, revolviendo de vez en cuando, hasta que la cebolla se suavice, unos 5 minutos.

3 Agrega el jugo de lima y deja que hierva a fuego lento. Tapa la sartén y deja que la cocción continúe a fuego lento hasta que el pollo se cocine completamente, de 15 a 20 minutos. Sirve con la salsa de aguacate y las cuñas de lima.

consejito delicioso: Nuestras abuelas dejaban el pollo descongelar sobre el mostrador de la cocina, pero con el riesgo de la contaminación bacterial con los pollos de hoy (sí, hasta los pollos criados en forma orgánica), esta costumbre resulta peligrosa. Es mejor que descongeles el pollo de otras formas: dejándolo durante la noche en el refrigerador; en una cacerola grande llena de agua fría (cambia el agua cada 30 minutos hasta que el pollo se descongele); o en el horno microondas siguiendo las instrucciones del fabricante.

arroz con pollo

RINDE 4 A 6 PORCIONES

1 pollo de 3 a 4 lbs., cortado en 8 piezas, enjuagado y seco

1 cebolla amarilla mediana, cortada en cuartos, más ½ cebolla amarilla picada finamente

4 tz. de caldo de pollo, hecho en casa o enlatado (bajo en sodio)

1 tz. de cerveza *light*

3 cdas. de Adobo delicioso (ver pág. 22) o adobo comprado (consulta la sección "La despensa deliciosa", pág. 10)

3 cdas. de salsa inglesa

1 tz. de hojas de cilantro fresco picados

6 dientes de ajo picadas

3 tz. de arroz blanco

1 tz. de arvejas frescas o congeladas

2 cebollas medianas, picadas finamente

8 oz. de habichuelas, sin las puntas y cortadas en trozos

1 tz. de *ketchup*

1 cdta. de sal

3 cdas. de mantequilla sin sal

½ pimiento rojo, sin semillas ni nervaduras en el centro, cortado en rodajas finas

½ pimiento verde, sin semillas ni nervaduras en el centro, cortado en rodajas finas

1 tz. de aceitunas rellenas con pimiento

Crecí comiendo arroz con pollo por lo menos una vez a la semana y aprendí a hacerlo al lado de mi madre. Ahora mis amigos me ruegan que se lo prepare. Es realmente fabuloso en un almuerzo tarde de fin de semana, compartido entre un grupo grande de amigos. Sírvelo con sangría y Patacones (ver pág. 203), y te sentirás como en el cielo. Nadie deja ni un grano en el plato y se sirven doble ración, así que si quieres conservar lo que sobre para el día siguiente ¡esconde la cacerola! Si necesitas prepararlo rápidamente, usa arvejas, zanahorias y frijoles congelados en sustitución de los frescos. Agrega las zanahorias y los frijoles junto a las arvejas y el caldo de pollo.

1 Pon el pollo, la cebolla en cuartos, 1 taza del caldo de pollo, la cerveza, el adobo, la salsa inglesa, la mitad del cilantro y el ajo en una cacerola o sartén grande a fuego alto. Deja que hierva el contenido, reduce el fuego a mediano-bajo. Tapa el recipiente y deja hervir a fuego lento hasta que el pollo se cocine, de 30 a 35 minutos. Saca el pollo y déjalo enfriar en un plato. Cuando se enfríe, desmenuza las piezas, separando la carne del hueso. Deja la carne desmenuzada aparte. Descarta la piel y los huesos de pollo. Cuela el caldo por un colador fino, reserva el líquido y descarta los trozos de cebolla.

2 Pasa el caldo a una taza de medir y agrega la cantidad necesaria de las 3 tazas restantes para completar 4 tazas. Viértelo de nuevo en el recipiente y agrega el arroz, las arvejas, la zanahoria, las habichuelas, el *ketchup* y la sal. Revuelve bien y deja que hierva. Deja que el líquido se evapore justo debajo del nivel del arroz, alrededor de 10 minutos, y entonces reduce el fuego a nivel bajo, tapa y deja cocer hasta que el arroz se cocine y suavice, alrededor de 25 minutos.

3 Mientras tanto, derrite la mantequilla en una sartén grande a fuego mediano. Agrega los pimientos, la cebolla picadita y deja cocinar hasta que se suavicen, alrededor de 8 minutos. Incorpora el pollo desmenuzado a los vegetales. Deja cocer hasta que se caliente completamente, de 2 a 3 minutos. Revuelve el arroz con un tenedor y entonces agrega el pollo y los vegetales. Incorpora las aceitunas, espolvorea con el cilantro restante y sirve.

fricasé de pollo de la abuela tita

RINDE 4 PORCIONES

8 oz. de espárragos frescos, blancos o verdes, los tallos cortados por los extremos y picados en trozos de 1 pulgada

4 mitades de pechuga de pollo con hueso y piel, y sin grasa, lavadas y secas

1 tz. de caldo de pollo, hecho en casa o enlatado (bajo en sodio)

1 cebolla blanca grande picada finamente

4 dientes de ajo picados

2 cdas. de salsa inglesa

1 cdta. de cáscara de limón rallada

1 cdta. de comino molido

1 cdta. de orégano seco

1 cdta. de sal

½ cdta. de pimienta fresca molida

⅓ de tz. de harina común

⅓ de tz. de crema de leche

¼ de tz. de alcaparras en salmuera escurridas

Arroz blanco para servir

Mi abuela Tita era todo un personaje. En la década de los 60 fue la embajadora de Colombia en Alemania y vivió en el extranjero durante años. Cuando la visitábamos, cenábamos en su comedor, muy formal, con muchos cubiertos y una mesa larga, como en las películas, con capacidad para 24 comensales. A abuela Tita le encantaba comer y, como la mayoría de las mujeres en la familia, tenía el apetito de un camionero.

1 Pon agua con sal a hervir en una cacerola grande. Agrega los espárragos y deja cocer hasta que se suavicen, de 5 a 8 minutos. Reserva ¾ de taza del líquido de cocción y entonces cuela los espárragos. Enjuágalos con agua fría y transfiere a un plato cubierto con papel toalla. Deja aparte.

2 Coloca las pechugas de pollo en una cacerola grande con el caldo de pollo, la cebolla, el ajo, la salsa inglesa, la ralladura de limón, el comino, el orégano, la sal y la pimienta. Tapa el recipiente, deja hervir, entonces reduce el fuego y deja cocer a fuego mediano-bajo hasta que el pollo se cocine completamente, aproximadamente 15 minutos. Transfiere el pollo a un plato, entonces cuela el caldo con un colador fino y deja aparte hasta que se enfríe. Separa la carne de pollo de los huesos, partiéndola en trozos grandes. Descarta los huesos y la piel.

3 Pon la harina en un tazón grande. Agrega un poco del caldo de la cocción a la harina, batiendo hasta que se forme una pasta suave. Incorpora el resto del caldo y entonces pasa la mezcla a una cacerola mediana. Deja que la salsa hierva a fuego mediano, revolviendo constantemente para que no se pegue o se queme, hasta que se espese ligeramente, unos 15 minutos.

4 Agrega el líquido reservado de la cocción de los espárragos, la crema de leche y las alcaparras. Agrega el pollo a la salsa y revuelve para que se impregne bien. Incorpora los espárragos y revuelve suavemente (el espárrago es muy delicado, así que manipúlalo cuidadosamente). Deja cocer un par de minutos para que se caliente y se unan los sabores y sirve con el arroz.

pollo con lima y romero

RINDE 4 PORCIONES

5 cebollas amarillas medianas (unas 2 lbs.), sin pelar y cortadas en cuartos

2 cdas. de aceite de oliva

Sal y pimienta fresca molida

4 dientes de ajo picados finamente

1 limón, cortado por la mitad y luego en rodajas finas

1 lima, cortada por la mitad y luego en rodajas finas

1 pollo de 3 lbs. lavado por dentro y por fuera y seco

1 cda. de romero fresco cortado, más 2 ramitas extra

2 cdas. de Adobo delicioso (ver pág. 22) o de adobo comprado (consulta la sección "La despensa deliciosa", pág. 10)

Nada huele mejor que un pollo asándose al horno. Prepara esta simple receta cada vez que tengas ganas de algo caliente y reconfortante, o cuando quieras que tus amigos o invitados se sientan como en casa en el momento que crucen la puerta. Cuando traigas el pollo a la mesa, las hierbas aromáticas y los trocitos de lima quedarán seductoramente visibles a través del pellejo tostado y crujiente.

1 Precalienta el horno a 400°F. Cubre con papel de aluminio un molde para asar o una plancha para horno con borde y deja aparte.

2 Coloca las cebollas en un tazón grande. Agrega el aceite de oliva y la sal y pimienta a gusto, una pizca del ajo picado y unas cuantas ruedita del limón y de la lima. Revuelve para mezclar bien y pasa la mezcla al fondo del molde forrado. Deja aparte.

3 Corta el exceso de grasa del pollo y dobla las alas por debajo del lomo. Separa cuidadosamente la piel de la pechuga, el encuentro y los muslos. Frota una pizca de romero sobre la carne de la pechuga, debajo de la piel y luego rellena con algunas rodajas del ajo, el limón y la lima bajo la piel. Sigue adobando el encuentro y los muslos, usando el resto de las hierbas, el ajo, el limón y la lima.

4 Frota el pollo con el adobo por dentro y por fuera. Ata la patas del pollo, uniéndolas con cuerda de cocina y ponlo sobre una rejilla colocada sobre la mezcla de cebolla en el molde preparado anteriormente.

5 Asa el pollo, untándolo de vez en cuando con el líquido que se va depositando en el molde con una brochita de cocina, hasta que el jugo del encuentro y el muslo salga claro y un termómetro digital insertado en la parte más gruesa del muslo alcance los 165°F (de 1 hora a 1 hora y 20 minutos). Incorpora las cebollas a mitad de la cocción (si en algún momento las cebollas comienzan a dorarse demasiado, añade ½ taza de agua al molde para asar o la plancha para horno). Cubre el pollo con un papel aluminio doblado a la mitad, permitiendo la ventilación. Pasa la cebolla a una fuente. Cuando el pollo haya reposado unos 10 minutos, retira las rodajas de lima y de limón, córtalo y distribuye las piezas en la fuente junto con las cebollas.

picadillo de pavo facilito

RINDE 4 PORCIONES

3 cdas. de aceite de oliva

1 cebolla amarilla cortada

1 pimiento rojo, sin semilla ni nervaduras, cortado en trozos

1 diente de ajo picado finamente

2 lbs. de pavo molido

1½ tz. de *ketchup*

¼ de tz. de pasas picadas

3 cdas. de salsa inglesa

2 cdas. de azúcar moreno

1 cda. de vinagre de vino blanco

1 cdta. de jugo fresco de limón

1 cdta. de pimentón

1 cdta. de sal

¼ de tz. de aceitunas verdes sin semilla, picadas

Cada país latinoamericano tiene su propia versión del picadillo, hecho con carne molida casi siempre de res. Pensé que quedaría bien con pavo molido magro, y ¿sabes qué?, ¡tenía razón! Con una textura muy similar a la de una salsa boloñesa, queda fantástico con pasta, polenta o hasta con puré de papas. El picadillo también se presta para servir con tortillas, arepas o arroz, o puedes usarlo para rellenar pimientos, calabacines o berenjenas.

1 Calienta el aceite en una sartén grande a fuego mediano-alto. Agrega la cebolla, el pimiento y el ajo y deja cocinar, revolviendo frecuentemente, hasta que se suavicen, pero no se doren, de 3 a 5 minutos. Añade la carne de pavo y cocina, revolviendo frecuentemente, hasta que la carne pierda el color rosado, aproximadamente 5 minutos. Incorpora el *ketchup*, las pasas, la salsa inglesa, el azúcar moreno, el vinagre, el jugo de limón, el pimentón y la sal, revolviendo hasta que los ingredientes se combinen. Reduce el fuego a mediano-bajo, tapa la sartén y deja hervir a fuego lento hasta que todos los sabores se unan y el pavo quede sin grumos y desmenuzada, alrededor de 10 minutos. Agrega las aceitunas y sirve.

DERRETIDOS DE PICADILLO DE PAVO. Son magníficos servidos como entradas en ramequines individuales. Cubre 4 ramequines con unas cuantas lascas de queso *Gouda,* muy delgaditas, de forma que la mitad de cada lasca sobresalga por el borde del ramequín. Rellena con el picadillo y entonces dobla los extremos del queso hacia adentro cubriendo el relleno. Hornea a 350°F hasta que el queso se derrita y se dore por los bordes, alrededor de 30 minutos. Sirve inmediatamente con tostadas.

pavo festivo de mami con relleno y salsa de lima y arándano rojo

RINDE 12 A 14 PORCIONES

PARA LA MARINADA

1 cebolla amarilla grande cortada en trozos

6 dientes de ajo, picados en trozos

1 tz. de mostaza amarilla

½ tz. de salsa inglesa

1 pavo de 16 a 18 lbs. (entrañas reservadas y cortadas)

PARA LA SALSA DE LIMA Y ARÁNDANO ROJO

2 bolsas de 12 oz. de arándanos rojos frescos, lavados

3 tz. de azúcar

2 tz. de jugo fresco de naranja (extraído de unas 8 naranjas) más 1 cda. de cáscara de naranja rallada

½ tz. de jugo de lima (extraído de unas 4 limas)

PARA EL RELLENO

10 huevos grandes

1 tz. (2 barras) de mantequilla sin sal

1½ lbs. de carne de res magra molida (molida 3 veces)

1½ lbs. de carne de cerdo molida (molida 3 veces)

3 cebollas amarillas grandes, picadas finamente

No me importa lo que diga la gente, éste es y siempre será el mejor pavo con relleno del mundo. Cuando éramos pequeños, mami solamente lo hacía para celebrar la Navidad, pero cuando nos mudamos a Miami tuvimos la suerte de disfrutarlo también el Día de Acción de Gracias. No podría imaginarme los días festivos de invierno sin estos platos.

Mami siempre muele la carne varias veces para que el relleno no quede muy grueso. Si no tienes un triturador de carne en casa, pídele al carnicero del supermercado que pase la carne varias veces por la máquina de moler. La marinada se puede preparar la noche anterior al día en que vayas a asar el pavo. Si te sobra algo de relleno después de rellenar el pavo, ponlo al horno en un molde untado con mantequilla una vez que el pavo esté listo. Sírvelo con el resto de los platos, ¡el relleno nunca está de más!

1 Para hacer la marinada, pon la cebolla, el ajo, la mostaza y la salsa inglesa en el tazón de la licuadora o en el procesador de alimentos y haz un puré. Frota el pavo con la mezcla por dentro y por fuera. Coloca el pavo en un recipiente para asar grande y cubre con papel plástico de envolver. Refrigera el pavo durante toda la noche o hasta por 24 horas.

2 Para hacer la salsa, pon a hervir los arándanos rojos, el azúcar, el jugo y la ralladura de naranja y el jugo de lima en una cacerola grande a fuego mediano-alto. Reduce el fuego a lento y deja hervir hasta que la salsa se espese y los arándanos se deshagan, de 15 a 20 minutos. Transfiere a un tazón y deja que la salsa se enfríe. Cubre con papel plástico de envolver y refrigera hasta el momento de servir.

3 Para preparar el relleno, coloca los huevos en una cacerola y cúbrelos con agua. Deja que el agua hierva, tapa el recipiente y apaga el fuego. Deja los huevos cocerse en el agua caliente durante 10 minutos. Pon aparte a enfriar completamente antes de pelarlos y cortarlos.

(la receta continúa)

15 dientes de ajo, picados finamente

1 tz. de salsa para bistec

½ tz. de vinagre de sidra de manzana

1 cda. de cáscara de limón rallada

1 cda. de comino molido

1 cda. de orégano seco

1 cda. de sal

1½ cdtas. de pimienta fresca molida

5 rebanadas de pan blanco

3 cdas. de leche

1 pimiento rojo, sin semillas ni nervaduras y picado finamente

1 pimiento verde, sin semillas ni nervaduras y finamente picado

5 tallos de apio cortados en rodajas finas

20 cebolletas, partes blancas y verde claro solamente, picadas finamente (alrededor de 1 ½ tz.)

4 oz. de pasta de tomate

1 lb. de longaniza cocinada, cortada en rodajas

1 tz. de pasas

1 tz. de hojas de perejil fresco de hoja plana, picadas finamente

1 botella de 7 oz. de aceitunas rellenas con pimiento, picadas en rodajas

2 botellas de bebida de malta oscura (como la marca Malta)

4 Derrite ½ taza (1 barra) de mantequilla en una cacerola grande a fuego mediano-alto. Agrega la carne molida de res y de cerdo más las entrañas reservadas y picadas y deja cocer hasta que la carne se empiece a dorar, de 8 a 10 minutos. Agrega ½ taza de cebollas picadas y la mitad del ajo picado, junto con la salsa para bistec, el vinagre, la ralladura de limón, el comino, el orégano y la sal y pimienta. Deja todo cocer, revolviendo con frecuencia hasta que las cebollas estén completamente tiernas y la carne esté completamente cocinada, de 35 a 45 minutos. Apaga el fuego y deja la mezcla enfriar. Cubre con papel plástico de envolver y refrigera hasta que estés lista para preparar el resto del relleno (la base de carne se puede preparar hasta con 1 día de anticipación).

5 Moja el pan en la leche durante 3 minutos. Deja escurrir todo el líquido que puedas del pan y luego pártelo con los dedos. Coloca la miga mojada y desmenuzada en un tazón pequeño y deja aparte.

6 Derrite la ½ taza (1 barra) restante de mantequilla en una cacerola grande a fuego mediano-alto. Agrega la cebolla restante y el ajo junto con los pimientos, el apio y las cebolletas. Incorpora la pasta de tomate y deja cocer hasta que el líquido del recipiente se haya evaporado casi por completo, alrededor de 15 minutos. Agrega la mezcla de carne, el pan desmenuzado, los huevos picados, la longaniza, las pasas, el perejil y las aceitunas y revuelve para mezclar bien los ingredientes. Deja que el relleno se enfríe completamente antes de rellenar el pavo.

7 Precalienta el horno a 300°F.

8 Rellena la cavidad y el cuello del pavo con el relleno. Dobla las alas del pavo bajo la pechuga y une las patas, atándolas por la base con cuerda de cocina. Con una brocha de repostería o una jeringa para bañar carnes, unta o baña el pavo con parte de la malta y entonces pon a asar, cubierto con papel aluminio, durante 2 horas, untando o bañando el pavo con la malta cada 30 minutos. Aumenta la temperatura del horno a 350°F y destapa el pavo (conserva el papel aluminio). Continúa la cocción de 2 a 3 horas, untando o bañando el pavo cada 30 minutos, hasta que los jugos salgan claros y la temperatura del pavo en la parte más gruesa de la pata alcance los 175°F en un termómetro digital. Si la pechuga de pavo se empieza a oscurecer demasiado, cúbrelo con papel aluminio.

9 Retira el pavo del horno y cúbrelo con el papel aluminio reservado. Deja que el pavo repose unos 30 minutos antes de cortarlo y sírvelo con el relleno a un lado.

pastel de tamal con chipotle

RINDE 6 PORCIONES

1 cda. de mantequilla sin sal a temperatura ambiente

1 cda. de aceite de oliva

¾ de lb. de pavo molido (preferiblemente carne blanca) o carne de res magra molida

1 cebolla amarilla mediana, picada

1 pimiento verde, limpio de semillas y nervaduras y cortado en trozos

2 dientes de ajo picados finamente

Sal y pimienta fresca molida

2 cdtas. de comino molido

1 lata de 15 oz. de frijoles pintos, enjuagados y escurridos

1 lata de 8 oz. de tomates cortados en cubitos

1 ó 2 chiles chipotle en adobo enlatados, sin semillas y cortados en trocitos, más 1 cda. del adobo

1 tz. de queso *Cheddar* rallado

½ tz. de hojas de cilantro fresco picadas

1 paquete de 8.5 oz. de mezcla de pan de maíz (más los ingredientes necesarios para hacer el pan de maíz según indique el paquete)

Si un mexicano y un sureño se pusieran a cocinar uno al lado del otro, creo que prepararían un tipo de plato como éste: reconfortante, picante y lo suficientemente abundante como para alimentar a un ejército de amigos y familiares. El pastel de tamal es como tener pan de maíz y chile en el mismo plato —y realmente satisface. A los chicos les encanta este plato, pero quizás convenga omitir el chile chipotle si lo cocinas para los pequeños de la casa.

1 Precalienta el horno a 400°F. Engrasa un molde para horno cuadrado de 8 pulgadas y apártalo.

2 Calienta el aceite de oliva en una sartén de superficie no adhesiva a fuego mediano. Agrega el pavo molido, la cebolla, el pimiento, el ajo y sazona con sal y pimienta. Deja cocer hasta que el pavo pierda el color rosado y se cocine completamente, unos 8 minutos. Retira el exceso de grasa y espolvorea la mezcla de carne con el comino.

3 Agrega los frijoles, los tomates, los trocitos de chile y el adobo a la sartén y deja hervir a fuego alto. Reduce el fuego a mediano y deja hervir hasta que se caliente completamente y se espese ligeramente, unos 5 minutos. Retira la sartén del fuego e incorpora el queso y el cilantro.

4 Extiende la mezcla de pavo en el molde para horno aplastándolo con una cuchara para formar una capa compacta y pareja.

5 Prepara la mezcla de pan de maíz siguiendo las instrucciones del paquete. Extiende la masa de pan de maíz sobre el pavo y hornea hasta que el pan de maíz se dore, de 20 a 25 minutos. Deja que el pastel repose durante 5 minutos antes de cortarlo en cuadraditos y servir.

para
carnívoros

Soy una verdadera *latinaza*; me encantan todas las clases de carnes, desde bistecs y chuletas, hasta desmenuzadas, asadas y guisadas, con o sin hueso, a la parrilla o fritas.

Hace unos años, me di cuenta de que necesitaba un descanso de la frenética actividad de mi vida diaria. El yoga y la meditación me ayudaron a encontrar un poco de tiempo para estar en silencio y aquietar mis pensamientos. Para *realmente* purificar mi mente, cuerpo y alma, mi instructor me dijo que me abstuviera de relaciones sexuales, que renunciara al alcohol y desistiera de comer carne. Aunque las dos primeras cosas eran inadmisibles, sí podía dejar de comer carne. Así es como la chica amante de la carne se convirtió en vegetariana.

Duré cuatro días y medio. Sólo pensar que nunca volvería a probar las costillas, los filetes, las alas de pollo o las chuletas me dejó en tal estado, que no podía comer, beber, dormir, ni meditar. Pensé que la vida era demasiado corta para sacrificar algunas de mis comidas favoritas. Así que decidí aceptar mi *amor carnal* responsablemente, comprando las carnes orgánicas o de animales que han sido criados humanamente, y abogando por una vida mejor para ellos, que son parte de nuestra cadena de alimentos.

Me convertí en una clienta más informada, haciéndome amiga de los carniceros. Es sorprendente ver cómo, con un poco de esfuerzo, tu carnicero puede convertirse en uno de tus mejores aliados. Les doy pequeños regalos de Navidad y siempre me detengo a conversar con ellos. De su parte, me dan buenos servicios, los mejores cortes de carne y respuestas a todas mis preguntas.

También aprendí a prestar atención a las etiquetas y a conceptos como *alimentado con hierba, orgánico, criado humanamente* y *libre de antibióticos*. Sólo hay que hacer un pequeño esfuerzo para encontrar el tocino y jamón libres de sulfitos y otros conservantes. Sí, comer cuidadosamente cuesta más trabajo, pero es excelente para mi apetito.

pinchos de cerdo y piña a la parrilla con salsa de achiote

RINDE 4 PORCIONES

3 cdas. de aceite de canola o vegetal

1 cda. de semillas de achiote

½ tz. de vinagre de vino tinto

5 dientes de ajo, picados finamente

1 cda. de ají amarillo enlatado, cortado finamente y sin semillas, ó 1 cda. de pimiento morrón rojo o amarillo, finamente cortado, más ¼ de cdta. de pimienta de Cayena

2 cdtas. de comino en polvo

2 cdtas. de sal, más sal extra para los pinchos

2 cdtas. de pimienta fresca molida, más pimienta extra para los pinchos

1 lb. de lomo de cerdo, cortado en cubos de 1 pulgada

1 piña pelada, descorazonada y cortada en cubos de 1 pulgada

1 cebolla roja grande, cortada en cuartos y después cortada horizontalmente por la mitad

1 cabeza de lechuga (variedad *Bibb* o *Boston*)

Cuñas de lima, para servir

Este es un plato excelente para servir en una parillada o en una fiesta en el jardín. Las hojas de lechuga tienen dos propósitos: hacen que este plato sencillo luzca realmente elegante y pueden usarse para envolver los pinchos de cerdo y piña, como si fueran un taco de lechuga. Puedes usar pinchos de metal o de madera. Si usas los de madera, debes remojarlos en agua unas pocas horas antes de usarlos, para que no se quemen en la parrilla. Me encanta el ají amarillo de Perú (ver pág. 21), pero si no tienes uno, puedes usar el pimiento morrón con una pizca de pimienta de Cayena. Si el clima no coopera, utiliza una cacerola o una sartén con parrilla para cocinar el cerdo y tostar la cebolla y la piña.

1 Calienta el aceite en un cacerola pequeña a fuego mediano-alto y añade las semillas de achiote. Apaga el fuego y deja que las semillas se impregnen hasta que el aceite se vuelva de color rojo-anaranjado, aproximadamente 5 minutos. Cuela el aceite a través de un colador fino y descarta las semillas. Pon el aceite de achiote en una procesadora con el vinagre, el ajo, el ají amarillo, el comino, la sal y la pimienta, y mezcla todo hasta obtener un puré.

2 Pon el cerdo en una bolsa plástica de un galón de capacidad. Añade la marinada de achiote, dalo vuelta a la bolsa para cubrir el cerdo y refrigéralo por lo menos 4 horas o toda la noche.

3 Precalienta la parrilla a temperatura alta. Pon los cubos de cerdo en los pinchos, alternándolos con los de piña y de cebolla roja. Espolvorea los pinchos con un poco de sal y pimienta. Ásalos hasta que estén dorados por todos lados, de 4 a 6 minutos en total; no los cocines en exceso o el cerdo puede resecarse mucho. Sirve los pinchos sobre un lecho de hojas de lechuga con algunas cuñas de lima.

chuletas de cerdo con salsa picante
de ron y mango (empanizadas)

RINDE 4 PORCIONES

PARA LA MARINADA

1 cebolla amarilla, picada

4 dientes de ajo, picados finamente

½ tz. de jugo de naranja agria (ver introducción)

1 cdta. más una pizca de sal

8 chuletas de cerdo delgadas

PARA LA SALSA

¾ de tz. de vinagre blanco

¼ de tz. de ron picante

½ tz. de pasas blancas

½ tz. de azúcar moreno

1 cebolla roja, picada

½ pimiento amarillo, descorazonado y picado

1 trozo de jengibre de 2 pulgadas, pelado y picado finamente

1 diente de ajo, picado finamente

1 cdta. de pimienta *allspice* molida

2 mangos grandes, pelados y cortados en cubos (ver pág. 50)

1 manzana verde, pelada, cortada por la mitad, descorazonada y cortada en cubos

4 huevos grandes

2 tz. de pan rallado, seco o recién hecho

Aceite de oliva para freír

Esta es la versión latina de las chuletas de ternera a la milanesa. Marinar las chuletas de cerdo toda la noche les da mucho sabor y la salsa les da aún más. Puedes hacer la salsa hasta con una semana de anticipación y servir cualquier sobra con pollo o cerdo asados, incluso en un emparedado de pavo. Puedes hacer de más, empacarla en frascos bonitos y ofrecerla a tus amigos. Las botellas de jugo de naranja agria pueden encontrarse en la mayoría de los supermercados o sustituirse por 3 cucharadas más 1 cucharadita de jugo de naranja y 2 cucharaditas de jugo de lima.

1 Para hacer la marinada, pon la cebolla, el ajo, el jugo de naranja y 1 cucharadita de sal en una bolsa plástica de un galón de capacidad. Añade las chuletas de cerdo, dales vuelta para cubrirlas y refrigéralas toda la noche.

2 Mientras tanto, haz la salsa. Revuelve el vinagre, el ron, las pasas, el azúcar moreno, la cebolla roja, el pimiento, el jengibre, el ajo y la pimienta *allspice* en una cacerola mediana a fuego mediano-alto. Calienta a ebullición, revolviendo ocasionalmente. Reduce el calor a mediano-bajo y dejar cocer hasta que la cebolla y el pimiento estén suaves, unos 8 a 10 minutos. Añade los mangos y la manzana, y continúa cocinando, revolviendo ocasionalmente, hasta que la fruta comience a deshacerse y la mezcla espese, de 15 a 25 minutos. Apaga el fuego y déjala enfriar. Cúbrela y refrigérala hasta por una semana.

3 Bate los huevos con una pizca de sal y pon el pan rallado en un plato. Calienta el aceite en una sartén grande a fuego mediano-alto, hasta que esté bien caliente. Sumerge las chuletas de cerdo marinadas en los huevos batidos, dejando escurrir el exceso, y pásalas por el pan rallado, presionándolas para cubrirlas por ambos lados. Reduce el calor a mediano y fríe las chuletas hasta que estén doradas, de 2 a 4 minutos en ambos lados. Pásalas a un plato con papel toalla para escurrirlas y sírvelas con la salsa.

chuletas de cerdo asadas con comino

RINDE 4 PORCIONES

½ tz. de salsa de soya

1 cdta. de comino molido

½ cdta. de pimienta fresca molida

¼ de cdta. de pimienta Cayena

¼ de cdta. de canela en polvo

¼ de cdta. de clavos de olor en polvo

¼ de tz. más 1 cda. de aceite de oliva

1 cebolla amarilla grande, picada

2 dientes de ajo, picados en trozos

4 chuletas de cerdo de 1 pulgada de grosor

La salsa de soya le da un gran sabor a estas chuletas de cerdo y funciona con los otros grandes sabores —cebollas, ajos y especias cocinadas y hechas puré— para penetrar rápidamente en la carne, dándole muchísimo sabor en sólo una hora. Esta marinada es perfecta para darles sabor a los bistecs de res y a las pechugas de pollo.

1 Bate la salsa de soya con el comino, la pimienta, la pimienta de Cayena, la canela y los clavos de olor en un recipiente pequeño, y apártalo.

2 Calienta 1 cucharada de aceite de oliva en una sartén grande a fuego mediano-alto por un minuto. Añade la cebolla y el ajo, y cocina, revolviendo ocasionalmente, hasta que la cebolla esté suave, unos 2 minutos. Añade la cebolla y el ajo a la mezcla de la salsa de soya y transfiere todo a un procesador de alimentos, y procésalo hasta que esté suave. Con el motor encendido, lentamente añade el restante ¼ de taza de aceite de oliva.

3 Pon las chuletas de cerdo en una bolsa plástica de un galón de capacidad con ⅔ de la marinada (guarda el resto). Refrigéralas hasta por una hora.

4 Calienta el asador a temperatura alta. Saca las chuletas de cerdo de la marinada (descarta ésta) y déjalas escurrir sobre papel toalla. Pon las chuletas en un recipiente para asar cubierto con papel de aluminio. Asa hasta que cada lado esté dorado y las chuletas estén bien cocinadas, de 8 a 10 minutos por cada lado, untándolas ocasionalmente con la marinada que estaba reservada.

consejito delicioso: Para evitar que la lavada del recipiente sea difícil, rocía con aerosol engrasador un plato o la lámina de hornear, dentro y fuera, antes de usarlo. Yo incluso uso el aerosol en las agarraderas (debes tener un poco más de cuidado al manejar la cacerola, para que no se te resbale).

lomo de cerdo con café y coca-cola

RINDE 4 A 6 PORCIONES

PARA EL LOMO DE CERDO

1 tz. de agua tibia

1 tz. de vinagre de sidra de manzana

¼ de tz. de azúcar

2 cdas. de sal

1 lomo de cerdo de 2½ a 3 lbs.

¼ de tz. de granos de café molido

3 cdas. de azúcar moreno

2 cdas. de granos de pimienta enteros

3 estrellas de anís enteras

1 raja de canela de ½ pulgada, cortada en pedacitos

3 cdas. de mantequilla sin sal

3 cdas. de aceite de canola o vegetal

PARA LA SALSA

1 tz. de jugo de piña

2 cdas. de maicena

1 tz. de azúcar moreno

2 tz. de Coca-Cola

2 cdas. de jugo de lima (exprimido de 1 lima)

Esta receta es un homenaje a mis abuelos. Uno de mis mejores recuerdos es el aroma fuerte de café negro que llenaba la casa de mis abuelos. Se tomaban su café mientras yo bebía una Coca; mi abuelo trabajó para Coca-Cola por un tiempo, por lo que tenía muchas Coca-Colas en la casa. Yo uní los dos en esta receta de lomo de cerdo. Probé a juntar lo amargo del café con lo dulce de la Coca y le añadí anís estrellado, canela y muchos granos de pimienta. Si se deja en salmuera toda la noche, el cerdo queda más jugoso, suave y lleno de sabor.

1 Para preparar el cerdo, combina el agua tibia con el vinagre, el azúcar y la sal en un recipiente mediano, batiendo hasta que el azúcar y la sal se disuelvan. Pasa esta mezcla a una bolsa plástica de un galón de capacidad. Añade 1 taza de agua fría y el lomo de cerdo, séllala y refrigera toda la noche.

2 Pon el café, el azúcar moreno, los granos de pimienta, las estrellas de anís y la raja de canela en una moledora de café o de especias hasta que se hayan convertido en un polvo fino. Quita el lomo de cerdo de la salmuera y déjalo secar sobre papel toalla. Frota el cerdo con la mezcla de especias, pásalo a una lámina de hornear cubierta con papel de aluminio, y déjalo aparte, a la temperatura ambiente.

3 Precalienta el horno a 350°F. En una sartén grande, derrite la mantequilla con el aceite a fuego mediano-alto. Añade el lomo de cerdo y dóralo por 5 minutos, dándole vuelta a todos lados, hasta que se doren. Regresa el lomo de cerdo a la lámina de hornear, ásalo hasta que su temperatura indique que está a 160°F en un termómetro digital, aproximadamente una hora. Quita el asado del horno, cúbrelo con papel de aluminio y déjalo reposar por 10 minutos antes de cortarlo en rebanadas.

4 Mientras el cerdo está asándose, prepara la salsa. Pon el jugo de piña y la maicena en una cacerola mediana y bátelos juntos. Caliéntalos a fuego mediano-alto y añade el azúcar moreno, la cola y el jugo de lima, batiendo hasta que el azúcar se disuelva. Vuelve a cocer a fuego mediano-alto por 5 minutos, batiendo ocasionalmente, hasta que la salsa esté tan densa como una crema espesa. Corta el lomo de cerdo en rebanadas y sírvelo con la salsa a un lado.

costillas de cerdo glaseadas con tamarindo

RINDE 4 A 6 PORCIONES

2 hileras de costillas de cerdo (aproximadamente de 2 lbs. cada una)

Sal y pimienta fresca recién molida

2 ajíes pancas o chiles anchos, sumergidos en agua caliente

½ tz. de pasta de tamarindo (ver "La despensa deliciosa", pág. 10)

3 a 4 cdas. de azúcar moreno

2 cdas. de salsa inglesa

⅓ de tz. de jugo de limón (exprimido de 1 limón)

½ tz. de jugo de naranja (preferiblemente fresco, exprimido de ½ naranja)

4 dientes de ajo, picados en trozos

consejito delicioso:
Siempre separa una pequeña porción del glaseado para que lo puedas untar con una brocha sobre las costillas cocinadas (u otra carne), justo antes de servir. De este modo te aseguras de que no te comerás la salsa que ya ha hecho contacto con el cerdo crudo o que no se ha cocinado bien.

Dulces y deliciosas, estas costillas son una excelente excusa para ensuciarse y comer con las manos. Prepáralas para la fiesta del 4 de julio y tendrás un éxito instantáneo. Deja algunas para más tarde en la noche; no sé por qué, pero las costillas saben mejor cuando están frías o se comen como merienda de medianoche. El ají panca es un maravilloso chile peruano seco y suave, con un sabor dulce, ligeramente frutal, como de baya, que combina muy bien con el cerdo. Consulta "La despensa deliciosa", en la página 10, o reemplázalo con otro chile seco medianamente suave.

1 Precalienta el horno a 300°F.

2 Rocía las costillas con sal y pimienta, y ponlas con el lado de la carne hacia arriba, en una lámina o plato para horno, cubierto con papel de aluminio. Ásalas durante 30 minutos y sácalas para escurrir cualquier grasa acumulada en la lámina. Voltea las costillas y aumenta la temperatura del horno a 400°F. Regresa las costillas al horno por otros 30 minutos.

3 Mientras las costillas se cocinan, prepara el glaseado. Quita los chiles secos del líquido en el que están sumergidos, y descarta el tallo y las semillas. Pon los chiles en una licuadora con la pasta de tamarindo, el azúcar moreno, la salsa inglesa, los jugos de limón y de naranja y el ajo. Bate hasta hacer un puré, raspando el frasco si es necesario. Añade un poco del líquido del chile si te parece que está demasiado espeso. Aparta un cuarto de este glaseado para servir.

4 Después que las costillas se hayan cocinado durante 30 minutos a 400°F, comienza untando el glaseado cada 15 minutos, hasta que las costillas estén suaves, aproximadamente 1 hora más, dándoles vuelta y dejando el lado de la carne hacia arriba de nuevo, después de 30 minutos. Saca las costillas del horno, usando una brocha limpia para untarles el glaseado que está reservado, y sírvelas.

tinga poblana
(cerdo desmenuzado a la mexicana)

RINDE 8 PORCIONES

1 lb. de papas rojas (aproximadamente 3 medianas), peladas y cortadas en cubos

1 lomo de cerdo de 2 a 3 lbs.

1 cebolla amarilla, picada, más ½ cebolla amarilla entera

2 dientes de ajo, machacados

2 hojas de laurel

12 oz. de chorizo crudo, sin la piel

5 tomates pequeños, pelados, descorazonados y picados

2 chiles chipotle en adobo, enlatados, picados finamente (sin semillas ni nervaduras, para menos picante)

2 cdas. de vinagre de sidra de manzana

1 cdta. de tomillo seco

½ cdta. de mejorana

Sal

PARA SERVIR

16 tortillas de harina o de maíz

4 aguacates medianos Hass, cortados por la mitad, sin semilla, pelados y picados en rodajas

1 tz. de hojas de cilantro frescas

Cuñas de lima

La tinga poblana ofrece la sensual experiencia de comerla con las manos —es un tradicional plato de cerdo desmenuzado, del estado de Puebla, en México, que se come en una tortilla de harina tibia con aguacate, cilantro fresco y un poco de lima. Me encanta servir este tipo de plato a mis amigos, especialmente a aquellos que comen con frecuencia en restaurantes. Esta es la clase de comida donde nada se deja en el plato y con la que terminas la noche inclinándote hacia atrás en una silla, con los zapatos debajo de la mesa, riendo y bebiendo luego de haber disfrutado de una noche relajada y excelente. Las personas que no cocinan aprecian mucho esta clase de plato casero. Hacer un plato sencillo en vez de algo elaborado, con una variedad de ingredientes y salsas, también alivia la presión al cocinar. Añade una ensalada, una rebanada de pan y un vino o cerveza, y tendrás una fiesta. Aunque la papa es tradicional en este plato, no la considero esencial y algunas veces no la incluyo. Añadirla o no es tu decisión. Me gusta usar lomo de cerdo en vez de otras partes grasosas como la paleta del cerdo, ya que esto le da un sabor más genuino.

1 Lleva una cacerola grande con agua salada a ebullición. Añade las papas y cocínalas hasta que estén suaves, aproximadamente 20 minutos. Escurre las papas y apártalas.

2 Pon el cerdo en una cacerola grande con agua. Añade la mitad de la cebolla, el ajo y las hojas de laurel y calienta hasta que rompa a hervir. Reduce a fuego lento y deja cocer suavemente, hasta que el cerdo esté lo suficientemente cocinado, unos 45 minutos (puedes cortar una pequeña porción y ver si todavía está rosado en el centro). Quita el cerdo del agua y ponlo aparte hasta que se enfríe lo suficiente para tocarlo con las manos (descarta el líquido de la cocción). Usa tus dedos o dos tenedores, desmenuza la carne en trozos pequeños y ponla aparte.

(la receta continúa)

3 Corta el chorizo en pequeños pedazos y fríelos a fuego mediano-alto en una sartén o cacerola grande, revolviendo a menudo, hasta que esté completamente cocinado, de 8 a 10 minutos. Usa una cuchara con ranuras para pasar el chorizo a un plato con papel toalla. Añade la cebolla picada a la misma sartén y cocínala, revolviendo ocasionalmente, hasta que esté suave, de 3 a 5 minutos. Agrega el cerdo desmenuzado, las papas, los tomates, los chiles chipotle, y cocina todo hasta que el tomate se rompa y salga su jugo, aproximadamente 15 minutos. Regresa el chorizo cocinado a la cacerola y revuélvelo con el vinagre, el tomillo, la mejorana y un poco de sal. Continúa cocinando a fuego mediano hasta que algo del líquido se haya evaporado, unos 5 minutos.

4 Mientras el cerdo se cocina, calienta una sartén mediana a fuego mediano-alto. Añade una tortilla y caliéntala de 10 a 15 segundos. Dale vuelta y continúa calentando hasta que la tortilla esté flexible y lo suficientemente caliente, otros 10 a 20 segundos. Ponla en un plato, cúbrela con una toalla de cocina y apártala; repite este proceso con el resto de las tortillas. (O calienta las tortillas en el horno microondas: ponlas unas sobre otras en un plato y cúbrelas con un paño húmedo, hornéalas durante 30 segundos y mantenlas cubiertas hasta que estés lista para servir.)

5 Pon la tinga en un recipiente de servir o llévala a la mesa en la sartén en que la has cocinado. Coloca las tortillas, aguacates y cilantro en un plato para servir, por lo que cada persona puede llenar una tortilla con un poco de la carne y las guarniciones. Pasa un tazón con las cuñas de lima alrededor de la mesa, para exprimir un poco sobre cada porción.

masas de cordero picantes con tomates

RINDE 4 PORCIONES

1 lb. de lomo de cordero bajo en grasa y cortado en tiras delgadas

Sal y pimienta fresca molida

2 cdas. de aceite de oliva

2 dientes de ajo machacados

1 cdta. de pimienta roja

12 tomates *cherry*, cortados por la mitad

1 tz. de hojas de espinaca tierna

Cuñas de limón, para servir

Suave y lleno de sabor, el lomo de cordero cortado en tiras se cocina rápidamente. La salsa de tomate con ajo demora sólo 3 minutos en cocinarse; triplica la cantidad y sírvela sobre una pieza de salmón cocinado o mezclada con pasta *penne*. Tiene un sabor muy fresco; realmente no pierdes ningún sabor de los tomates *cherry*. También puedes hacer la receta con masas de pollo, bistec de res cortados en tiras o lomo de cerdo también cortado en tiras.

1 Sazona las tiras de cordero con un poco de sal y de pimienta. Calienta el aceite en una sartén grande a fuego alto. Añade el cordero y dale vuelta hasta que se ponga dorado por todos lados, de 7 a 8 minutos. Pasa el cordero a un plato y apártalo.

2 Añade el ajo, la pimienta roja y los tomates *cherry* a la misma sartén y cocina hasta que los tomates estén suaves, de 2 a 3 minutos. Saca el ajo de la sartén y descártalo. Sazona la salsa con sal y pimienta a gusto. Regresa el cordero a la sartén y añade las hojas de espinaca, revolviendo para mezclar bien. Sirve con las cuñas de limón.

chuletas de cordero con chimichurri de cilantro y menta

RINDE 4 A 6 PORCIONES

PARA LA SALSA CHIMICHURRI

1 tz. llena de hojas de cilantro frescas

½ tz. de hojas de perejil de hojas planas frescas

2 cdas. de hojas de menta frescas

1 ó 2 chiles serranos frescos o encurtidos, cortados por la mitad (sin semillas ni nervaduras para menos picante)

3 cdas. de vinagre de arroz

1 cda. de jugo de lima fresco (de aproximadamente ½ lima)

1 cda. de miel

½ cdta. de sal, más sal extra para sazonar el cordero

2 cdas. de aceite de oliva

PARA EL CORDERO

12 chuletas de lomo de cordero de 1 pulgada de grosor, eliminando el exceso de grasa

Sal y pimienta fresca molida

2 cdas. de aceite de oliva

3 cdas. de romero fresco, picado

3 dientes de ajo, pelados y picados en trozos

La salsa chimichurri argentina se sirve tradicionalmente con carnes asadas. Su sabor es tan bueno que muchos países latinos la han adoptado y le han hecho sus propias adaptaciones para servirla con carne asada. Mi chimichurri incluye menta, un acompañamiento clásico del cordero, así como miel y chile serrano, dándole un ligero sabor dulce-picante. Esta salsa es fantástica con cualquier asado en el horno, empanizado o asado a la parrilla, incluso con vegetales asados. Debido a que se usan muchas hierbas frescas, es mejor comerla, a más tardar, un día después de la preparación.

1 Para hacer el chimichurri, mezcla el cilantro, el perejil, la menta, el chile serrano, el vinagre de arroz, el jugo de lima, la miel y la sal en el recipiente del procesador de alimentos y bate hasta formar una pasta. Con el procesador funcionando, poco a poco añade el aceite de oliva, continuando el proceso hasta que la salsa esté suave, raspando los lados del procesador si es necesario. Pasa el chimichurri a un recipiente, cúbrelo con plástico y refrigéralo hasta por tres horas (llévalo a la temperatura ambiente antes de servir).

2 Para preparar el cordero, precalienta el asador del horno a temperatura alta y pon la parrilla en la posición más alta.

3 Sazona el cordero con sal y pimienta. Calienta a temperatura elevada el aceite de oliva en una sartén grande apropiada para el horno. Añade las chuletas de cordero y dóralas por todos lados, aproximadamente 10 minutos en total. Añade el romero y el ajo, y cocina todo hasta que esté aromático, de 1 a 2 minutos. Pasa la sartén al asador y cocina hasta que el cordero todavía esté rosado en el centro, aproximadamente 5 minutos. Sirve las chuletas desde el horno con una cucharada de chimichurri encima.

tallarines con carne y chipotle

RINDE 4 PORCIONES

2 cdas. de mantequilla sin sal

¼ de tz. de harina común

2 tz. de caldo de pollo hecho en casa o enlatado (bajo en sodio)

1 lata pequeña de chile chipotle en adobo, sin semillas y picado, más 1 cdta. de salsa para adobar (opcional)

½ cdta. de chile en polvo (o más si lo deseas)

⅔ de lb. de carne de res magra molida

1 cebolla amarilla pequeña, picada finamente

1 diente de ajo, picado finamente

Sal y pimienta fresca molida

10 oz. de tallarines de huevo, gruesos

2 tz. de queso parmesano rallado

1 tz. de hojas de cilantro frescas, picadas

Si te gusta la salsa boloñesa italiana, esta receta será perfecta para ti. Puedes sustituir cualquier clase de carne que te guste por la carne molida, incluyendo ternera o cerdo molido, masas de pollo cortadas en rebanadas o chorizo desmenuzado, o combinar cantidades iguales de dos o más para acentuar el sabor.

1 Derrite una cucharada de la mantequilla en una cacerola a fuego mediano. Revuélvela con la harina usando una cuchara de madera. Deja cocinar la mezcla, revolviendo constantemente, hasta que adquiera un color dorado pálido, aproximadamente 2 minutos. Poco a poco revuelve un poco del caldo de pollo en la mezcla de harina. Sigue añadiendo el caldo hasta que tengas una mezcla suave, entonces bátela con el caldo restante. Añade el chile chipotle, la salsa de adobo (si la usas) y el chile en polvo; hiérvela y entonces reduce el fuego a muy bajo y mantenla caliente hasta que la mezcla de carne esté lista.

2 Lleva a ebullición una cacerola grande con agua para hervir los tallarines.

3 Derrite el resto de la mantequilla en una sartén grande a fuego mediano-alto. Añade la carne molida, la cebolla, el ajo y un poco de sal y pimienta. Calienta la carne, moviéndola con una cuchara de madera mientras se cocina, hasta que esté de color café, de 5 a 8 minutos. Quita un poco de grasa de la sartén (pon una tapa pequeña para cubrir la sartén y úsala para sostener la mezcla de carne), después añade la salsa a la carne y revuelve todo.

4 Cuando el agua hierva, añade una pizca grande de sal y los tallarines. Cocina de acuerdo a las instrucciones del paquete o hasta que estén *al dente*. Escurre los tallarines y revuélvelos con la salsa de carne. Sírvelos en tazones y espolvorea el queso parmesano rallado y el cilantro.

minifritas cubanas (hamburguesas)

RINDE 6 PORCIONES

1½ tz. de pan rallado seco

¼ de tz. de leche entera

2 lbs. de carne de res magra molida

1 cebolla amarilla grande, rallada con el lado que tenga los huecos más grandes del rallador

1 huevo grande, ligeramente batido

2 cdas. de jugo de lima fresco (de aproximadamente 1 lima)

3 cdas. de *ketchup*, más extra para servir

3 dientes de ajo picados finamente

1 cda. de sal

¾ de cdta. de pimentón

Pimienta fresca molida

1 cda. de aceite de oliva

12 panes para mini hamburguesas o panecillos cubanos

Palillos de papas crujientes, para servir

El Rey de las Fritas es un legendario restaurante en Miami, donde sirven las más sorprendentes hamburguesas. ¿El secreto? Estas hamburguesas están fritas. Debido a que una hamburguesa es de por sí bastante decadente, yo las horneo. También las hago en tamaño *mini*; son perfectas para una fiesta o para servir dos por persona con un bufé que tenga todos los ingredientes para una cena divertida. Si no quieres hacerlas *mini*, simplemente hazlas más grandes.

1 Pon el pan rallado en un recipiente grande. Cúbrelo con la leche y déjalo en reposo unos 2 minutos. Añade la carne molida, la cebolla, el huevo batido, el jugo de lima, el *ketchup*, el ajo, la sal, el pimentón y una pizca de pimienta, y mezcla los ingredientes con tus manos o con una cuchara de madera, hasta que estén bien combinados. Dale forma a la mezcla haciendo 12 ruedas de carne pequeñas, de 1 pulgada de espesor, y refrigéralas por lo menos 45 minutos o hasta por 8 horas.

2 Calienta el aceite de oliva en una sartén grande a fuego mediano-alto. Añade aproximadamente la mitad de las hamburguesas y cocínalas hasta que estén doradas por ambos lados, de 5 a 7 minutos en total. Mantenlas tibias mientras cocinas las demás hamburguesas.

3 Pon las fritas en los rollos de pan. Pon encima de cada hamburguesa una cantidad generosa de *ketchup* y los palillos de papas crujientes; cúbrelas con la otra parte del pan y sírvelas.

consejito delicioso: Para tener una carne molida más fresca, pide a tu carnicero que la muela en el momento. Pídele que te aparte los bistecs que quieres (como uno de solomillo deshuesado) y ofrécele al carnicero tu mejor sonrisa. Ellos siempre te ayudan más de lo normal.

pastelón (lasaña latina)

RINDE 6 PORCIONES

4 cdas. (½ barra) de mantequilla sin sal, más 1 cda. a temperatura ambiente

1 cebolla amarilla mediana, picada finamente

¼ de tz. de harina común

1 cdta. de comino molido

1¾ tz. de caldo de pollo hecho en casa o enlatado (bajo en sodio)

1 tz. de leche

2½ tz. de queso *pepper Jack* rallado

6 oz. de chorizo crudo, sin piel

1 lb. de carne blanca u oscura de pavo, molida

2 cdas. de salsa inglesa (o 1 cda. de salsa inglesa y 1 cda. de vino de Jerez)

1 cda. de jugo de limón fresco (de ½ limón)

1 cdta. de orégano seco

½ cdta. de sal

Pimienta fresca molida

4 plátanos muy maduros, con la cáscara oscura, pelados y cortados en rebanadas, a lo largo

Pimentón

Hojas de cilantro frescas, picadas, para servir

Esta es la clase de plato que haces cuando quieres una comida económica. Cada cultura tiene sus propias recetas de guisos con capas. Aquí, largas tiras de plátanos maduros separan las capas. Este plato es dulce, sabroso, satisfactorio y confortante, pues lo magro del pavo y el sabor del chorizo se complementan muy bien con lo suave y cremoso de los plátanos.

1 Precalienta el horno a 350°F. Engrasa un molde de lasaña de 9 x 13 pulgadas, con la cucharada de mantequilla suavizada y déjalo aparte.

2 Derrite las restantes 4 cucharadas de mantequilla en una cacerola mediana a fuego moderado. Añade la cebolla y cocínala hasta que esté suave, aproximadamente 5 minutos. Revuélvela con la harina y el comino, y cocina por 1 minuto. Añade poco a poco el caldo de pollo. Una vez que se ha añadido todo el caldo de pollo, vierte la leche y revuelve. Continúa batiendo constantemente hasta que la salsa espese ligeramente, de 8 a 10 minutos. Agrega 2 tazas de queso rallado y revuelve la salsa hasta que el queso se haya derretido. Apaga el calor y pasa la salsa a un recipiente mediano. Pon un pedazo de plástico para envolver, directamente sobre la salsa, para evitar que se forme una película.

3 Calienta una sartén grande a fuego mediano-alto y añade el chorizo. Cocina, usando una cuchara de madera para separar los pedazos grandes, hasta que empiece a ponerse de color café, aproximadamente 4 minutos. Añade el pavo y continúa cocinando hasta que ambas carnes estén oscuras, de 8 a 10 minutos. Añade la salsa inglesa, el jugo de limón, el orégano, la sal y un poco de pimienta y revuelve. Quita la sartén del fuego y elimina el exceso de aceite.

4 Cubre la cacerola con aproximadamente un tercio de las rebanadas de plátanos, y asegúrate de no poner unas encima de las otras. Cubre los plátanos con la mitad de la mezcla de carne, extendiéndola bien para que los cubra. Vierte la mitad de la salsa de queso. Añade otra capa de rebanadas de plátanos y cúbrela con la restante mezcla de carne y de salsa. Pon el resto de los plátanos y espolvorea el queso restante y un poco de pimentón encima. Hornea hasta que la salsa haga burbujas, de 45 a 60 minutos. Deja que la lasaña se enfríe por 10 minutos, espolvorea el cilantro y sírvela.

lomo saltado
(carne de res con tomate y cebolla)

RINDE 4 PORCIONES

1 cda. de aceite de canola o vegetal

1 a 1½ lbs. de espaldilla de res, cortada en tiras de 1½ pulgadas de ancho

1 cebolla roja grande, cortada en cuartos y después en rodajas delgadas

1 tomate grande, descorazonado, cortado en mitades y después en rodajas

1 diente de ajo, picado finamente

Sal y pimienta fresca molida

2 cdtas. de salsa de soya

1 cdta. de vinagre de vino tinto

Cuando comí esta carne de res saltada, una especie de bistec estilo latino, revuelto y frito, me sentí como en casa. Para mí, esta es una comida realmente genuina. Es rústica, rápida, a gusto, y puede aumentarse o reducirse fácilmente, para servir a un grupo de personas o solo para ti. Es realmente deliciosa con un plato grande de papas fritas.

1 Calienta el aceite en una sartén grande a fuego mediano-alto. Añade la carne de res y revuélvela mientras la salteas, cocinando hasta que esté dorada por todos lados, de 8 a 10 minutos. Pasa la carne a un plato y déjala aparte.

2 Agrega la cebolla, el tomate, el ajo y la sal y pimienta a la misma sartén, y cocina hasta que la cebolla esté suave y el tomate empiece a desbaratarse, de 2 a 4 minutos. Regresa la carne a la sartén y añade la salsa de soya y el vinagre. Cocina por 1 minuto, sazona con sal y pimienta a gusto, y sírvela.

rosbif con corteza de cilantro

RINDE 6 PORCIONES

4 lbs. de cadera de res (cuadril, rabadilla, cuarto trasero, *rump roast*), libre de grasa

6 dientes de ajo, picados en trozos

1 cdta. de semillas de apio

2 cdtas. de sal gruesa, más sal extra a gusto

1 cdta. de pimienta fresca molida, más pimienta extra a gusto

2 tz. de hojas de cilantro frescas, picadas finamente

4 boniatos medianos (aproximadamente 1½ lbs.) lavados y frotados, cortados por la mitad y después en cuartos

12 cebolletas largas, peladas y cortadas por la mitad, a lo largo

2 cdas. de aceite de oliva

El olor de este asado en el horno es como aromaterapia para mi estómago. Puedes asar cualquier vegetal debajo de la carne, como hinojo (uno de mis favoritos), cebollas rojas, papas, chirivía o zanahorias.

1 Pon la carne en un molde cubierto con papel de aluminio, especial para la parrilla, y déjalo a la temperatura ambiente por una hora. Precalienta el horno a 325°F.

2 Pon el ajo, las semillas de apio, la sal y la pimienta en un procesador de alimentos, y ponlo a funcionar hasta que logres una consistencia pastosa. Frota con esta pasta todo el asado y cúbrelo con cilantro.

3 Pon los boniatos y las cebolletas en un recipiente grande, vierte el aceite de oliva y un poco de sal y pimienta, y déjalas aparte.

4 Pasa una brocha para eliminar el exceso de cilantro de la carne y descártalo. Cocina el asado unos 30 minutos. Añade los vegetales al molde para la parrilla y cocina por una hora para lograr un asado poco hecho (su temperatura interna deberá registrar 125°F en un termómetro digital) o por 1 hora y 10 ó 20 minutos para un asado hecho punto, revolviendo los vegetales cada 20 ó 30 minutos. Quita la carne y los vegetales del horno y deja que la carne repose 10 minutos antes de cortarla en rebanadas. Sirve con el líquido de la cacerola, los boniatos y las cebolletas a un lado.

churrasco a la parrilla, con dos salsas

RINDE 4 A 6 PORCIONES

PARA EL CHIMICHURRI

½ tz. de vinagre de vino tinto

2 cdas. de jugo de limón fresco (de ½ limón)

¾ de tz. de hojas de perejil frescas, de hojas planas, picadas

3 cdas. de hojas de orégano frescas, picadas

2 dientes de ajo, picados en trozos

2 cdas. de aceite de oliva

⅛ de cdta. de pimienta roja (o más a gusto)

PARA EL *AÏOLI* DE PIÑA

¾ de tz. de mayonesa

4 dientes de ajo, picados finamente

¼ de tz. de piña en jugo, triturada y escurrida

¼ de cdta. de cáscara de lima rallada

Sal y pimienta fresca molida

PARA EL BISTEC

2 lbs. de churrasco

3 cdas. de aceite de oliva

Sal

El churrasco, que en Estados Unidos es llamado *skirt steak*, es mi corte de carne favorito; yo lo prefiero siempre al filete *mignon*. Tiene una textura muy suave, ya sea frito, asado en el horno o en la parrilla. Es también económico y es el corte que siempre busco cuando quiero servir carne a muchas personas. Las dos salsas —un chimichurri tradicional y un *aïoli* de piña— son especialmente buenas para extenderlas encima de la carne, aunque ambas son deliciosas, por lo que si decides hacer sólo una, nadie va a protestar.

1 Para hacer el chimichurri, pon el vinagre, el jugo de limón, el perejil, el orégano y el ajo en una procesadora, y bate hasta obtener un puré. Con el motor funcionando, añade el aceite de oliva, mezclando hasta tener la salsa. Añade la pimienta roja. Pasa el chimichurri a un frasco hermético y refrigéralo hasta por 1 día. Sirve a la temperatura ambiente.

2 Para hacer el *aïoli* de piña, mezcla los ingredientes juntos en un recipiente mediano. Cúbrelo con plástico para envolver, refrigéralo hasta que se enfríe y sírvelo en las siguientes dos horas.

3 Para hacer la carne, precalienta la parrilla a temperatura alta. Frota los churrascos con aceite de oliva y sazónalos con sal. Ásalos por 3 a 4 minutos por cada lado, para que queden de poco hechos a término medio, o más tiempo para obtenerlos de hechos a bien cocinados. Sírvelos con cualquiera de las salsas sugeridas.

filetes de res frotados con café y mantequilla de queso *Roquefort*

RINDE 4 PORCIONES

2 cdas. de café molido finamente

1 cda. más 1½ cdtas. de pimienta fresca molida

4 filetes *mignon* de 6 oz.

2 cdas. de aceite de canola o vegetal

5½ cdas. de mantequilla sin sal, a temperatura ambiente

2 cdtas. de salvia fresca, picada

2 a 3 oz. de queso *Roquefort* desmenuzado

Sal

2 cdas. de ron oscuro

consejito delicioso: Las mantequillas con sabor son un alimento muy conveniente. Puedes añadir cualquier hierba o especia que desees, como jengibre, ajo, romero, comino e incluso ralladura de limón. Enrolla la mantequilla con sabor como si fuera un tronco, envolviéndola en plástico, refrigérala hasta por una semana o congélala. Viértela encima de un filete, una pechuga de pollo o vegetales cocidos.

Latinoamérica ha estado cultivando plantas de café desde el siglo XVIII y es conocida por tener algunos de los granos de café más finos y fuertes del mundo, que es la base para esta sorprendente carne frotada ahumada y ligeramente amarga. Esto realmente acentúa las cualidades jugosas y casi dulces de un suave filete *mignon*.

1 Mezcla el café molido y la pimienta en un recipiente pequeño. Pon los filetes en un plato de hornear y cúbrelos con las 2 cucharadas de aceite. Frota ambos lados de los filetes con la mezcla de café, cubre el plato con plástico para envolver, y apártalo.

2 Mezcla 4 cucharadas de mantequilla suavizada con la salvia y el queso *Roquefort* en un recipiente pequeño, hasta que estén bien mezclados. Pasa la mezcla de mantequilla a un lámina de plástico para envolver y dobla el plástico alrededor de la mantequilla, como si fuera un tronco. Congélala hasta que esté firme y entonces córtala en 4 ruedas. Mantén las ruedas en el congelador hasta que los filetes estén hechos.

3 Calienta las restantes 1½ cucharadas de mantequilla en una sartén grande a fuego alto. Quita los filetes de la marinada, sécalos con papel toalla, espolvoréales sal y cocínalos hasta que estén dorados en un lado, de 2 a 4 minutos. Da vuelta a los filetes, espolvoréales más sal y cocínalos del otro lado por 1 minuto. Reduce el calor a mediano-bajo y cocínalos por otros 3 a 4 minutos para obtenerlos poco hecho o más si prefieres que tu filete esté bien cocinado. Pasa los filetes a platos de servir y cúbrelos con una rueda de la mantequilla con sabor. Añade el ron a la sartén y enciéndelo cuidadosamente con una cerilla larga para que se queme el alcohol (las llamas se irán después de unos pocos segundos). Con una cuchara vierte un poco de la salsa sobre los filetes y sírvelos inmediatamente.

ropa vieja (carne desmenuzada con pimientos, cebollas y tomates)

RINDE 4 PORCIONES

1½ a 2 lbs. de falda de res

3 cdas. de Adobo delicioso (ver pág. 22) o adobo comprado (ver "La despensa deliciosa", pág. 10).

2 cdas. de salsa inglesa

2 tz. de cerveza

2 cdas. de aceite de canola o aceite vegetal

¼ de pimiento rojo cortado, sin semillas ni nervaduras

¼ de pimiento verde cortado, sin semillas ni nervaduras

1 cebolla amarilla mediana, picada

4 cebolletas, sólo la parte blanca y ligeramente verde, picadas

1 tomate pequeño, descorazonado, cortado por la mitad y picado

Sal y pimienta fresca molida

La mayoría de las personas conocen la ropa vieja como un plato cubano, pero muchos países en América Latina tienen versiones similares, y de niña yo la comía por lo menos una vez a la semana. Se hace con carne de res que se cocina por un largo tiempo, hasta que esté bien suave. Rápidamente se sofríe con pimientos y cebollas, creando un sorprendente contraste crujiente y suave entre la carne que se ha cocinado lentamente y los vegetales que se han cocinado con rapidez. En mi receta yo uso cerveza, la cual le da un gusto sabroso y suaviza la carne aun más. A mí me encanta comer ropa vieja acompañada de plátanos maduros. Los horneo a 400°F para acentuar su dulzura.

Si quieres una ropa vieja realmente rápida, acorta el proceso utilizando el horno microondas para cocinar la carne con la marinada durante 15 minutos. Dale vuelta a la carne y cocínala hasta que esté suave, durante otros 15 minutos, y procede con la receta como te indicamos abajo.

1 Corta la carne de res en tres pedazos grandes y ponlos en un recipiente grande. En un recipiente pequeño, combina el adobo y la salsa inglesa. Frota los filetes con esta pasta, añade la cerveza y deja marinar por 15 minutos. Pasa la carne y la marinada a una olla grande no reactiva, y llévala a ebullición. Reduce el calor a fuego bajo, cúbrela y deja que cocine hasta que la carne esté suave, de 1 a 1½ horas.

2 Quita la carne de la olla y guarda el líquido de la cocción. Usando dos tenedores, desmenuza la carne y déjala aparte. Calienta el aceite en una sartén grande a fuego mediano-alto. Añade los pimientos, la cebolla, las cebolletas y el tomate, y cocina hasta que estén suaves, de 5 a 8 minutos. Añade la carne a la sartén, con ¼ del líquido de la cocción que habías guardado, y algo de sal y pimienta, y deja hervir hasta que los jugos se hayan evaporado, aproximadamente 10 minutos. Sirve con plátanos maduros o arroz.

mis recetas favoritas de arroz y frijoles

Si tuviera que elegir mi última comida sobre la Tierra, puedes estar segura de que el arroz y los frijoles serían parte de ella. En la mayoría de los países de Latinoamérica, el arroz y los frijoles son casi siempre parte de cada comida, incluso algunas veces, de los desayunos. Con un tazón de arroz con frijoles, me siento contenta y feliz con el mundo.

Si tengo tiempo, hago mis frijoles caseros, dejando en remojo los frijoles secos toda la noche con un poco de bicarbonato de sodio (éste ayuda a hacer los frijoles más digeribles) antes de cocinarlos por un par de horas al día siguiente. La textura de los frijoles cocinados frescos es realmente especial, y el caldo de frijol que se obtiene al final en la olla es ese ingrediente secreto que te hace preguntarte "¿cómo puede algo ser tan rico?", y que está en muchas recetas de mi abuela. Sin embargo, no soy una santa y debo confesar que tengo mi despensa llena de latas de frijoles: negros, rojos, garbanzos, blancos. Nada le gana a una lata de frijoles para una cena rápida y saludable. Añade algunos vegetales y hierbas y eso es todo.

Cuando se trata del arroz, te aseguro que soy muy exigente. Me gusta húmedo y bien cocinado; el método en la página 185 es el mismo que mi madre aprendió de su madre, quien probablemente lo aprendió también de la suya. Para mí, éste es el mejor arroz: suave, reconfortante y no seco. Algunas veces le doy más sabor al arroz blanco con ingredientes como cilantro, tomates, coco e incluso Coca-Cola.

No puedo imaginar mi vida sin estos dos productos principales. El arroz y los frijoles me hacen sentir feliz, y como la felicidad conduce a una vida larga, concluyo que comer más arroz y frijoles, no menos, es la solución. La vida es demasiado corta para sacrificar nuestra felicidad, así que sigue adelante, sírvete una buena porción de arroz y frijoles, y vive una vida larga y dichosa.

frijoles fáciles al estilo gaucho

RINDE 6 PORCIONES

1 lb. de frijoles colorados secos y enjuagados, o 2 latas de 15 oz. de frijoles colorados, enjuagados y escurridos

1 cdta. de bicarbonato de sodio

4 tiras de tocino crudo, cortadas

1 cda. de aceite vegetal

1 cebolla amarilla grande, finamente cortada

8 cebolletas, sólo las partes blanca y ligeramente verde, picadas finamente

4 tomates medianos, pelados, descorazonados y picados

3 zanahorias grandes, ralladas

1 diente de ajo, picado finamente

1 hoja de laurel

½ cdta. de salsa inglesa

½ cdta. de comino molido

½ cdta. de sal

Antioquia, en el noroeste de Colombia, es uno de los lugares más maravillosos de la Tierra. Imagínate: montañoso y fértil, días soleados y cielo azul, con temperaturas alrededor de los 70 grados, y noches en que el tiempo cambia y refresca. Es también un país de vaqueros, y el alimento, como estos frijoles aliñados, es suculento y casero. Añade un poco de arroz, huevos fritos y bistec de res, y tendrás una comida apropiada para el gaucho más exigente. Si no te gusta cortar las verduras, pon cebolla, cebolletas, zanahorias y ajos en tu procesador de alimentos hasta que queden picados finamente; entonces añade los tomates y procésalos hasta que estén bien picados.

1 Si usas frijoles secos, ponlos a remojar toda la noche en agua fría con ½ cucharadita de bicarbonato de sodio. Al día siguiente, escurre los frijoles y ponlos en una olla grande con el tocino, otra ½ cucharadita de bicarbonato de sodio y 6 tazas de agua. Calienta hasta que hierva, reduce el calor a fuego lento y cocina los frijoles hasta que estén suaves, aproximadamente 2 horas. Si el nivel del agua baja mucho, antes de que los frijoles estén tiernos, añade otra taza de agua (o más si lo necesitas). Si usas frijoles enlatados, caliéntalos en una olla grande con 3½ tazas de agua.

2 Calienta el aceite en una sartén grande a fuego mediano-alto por 1 minuto. Añade los ingredientes restantes y cocina, revolviendo a menudo, hasta que los vegetales estén suaves y aromáticos, de 5 a 7 minutos.

3 Añade la mezcla de vegetales a la olla con los frijoles y cocina suficiente tiempo para unir los sabores, unos 10 minutos. Remueve la hoja de laurel antes de servir.

consejito delicioso: Si usas frijoles de lata, simplemente añade el tocino y los vegetales después de saltearlos.

frijoles rancheros
(el método largo y el corto)

RINDE 4 A 6 PORCIONES

1 tz. de frijoles pintos secos y enjuagados, o 3 tz. de frijoles pintos de lata, enjuagados y escurridos

2 hojas de laurel

1 cdta. de orégano seco

½ lb. de tocino en rebanadas, cortadas en trozos de ½ pulgada

1 cebolla amarilla mediana, picada finamente

2 cdtas. de comino molido

1 lata de 14 oz. de tomates, escurridos (si estás usando frijoles de lata, guarda el líquido de los tomates)

2 jalapeños, uno sin semillas ni nervaduras y picado, el otro picado en ruedas para servir

½ cdta. de sal

⅛ de cdta. de pimienta fresca molida

Algunas veces, y yo quisiera que fuera más a menudo, soy una buena chica y cocino mis frijoles al estilo casero, con frijoles secos. Pero la mayoría de las veces opto por la manera más fácil y uso frijoles de lata. Para esta receta, puedes escoger: cocinar lentamente y de la manera tradicional, o rápidamente y fácil. Cada método tiene sus ventajas, aunque tú decides cuál es el mejor para ti.

1 Si usas los frijoles secos, déjalos en remojo toda la noche en agua fría. Al día siguiente, escurre los frijoles y ponlos en una cacerola grande con suficiente agua para cubrirlos, con 1 pulgada por encima. Añade las hojas de laurel y el orégano, y llévalos a ebullición. Reduce el calor a fuego mediano-bajo y cuece hasta que los frijoles estén casi suaves, aproximadamente 1½ horas, añadiendo más agua si se necesita.

2 Mientras tanto, calienta una sartén grande a fuego alto por 2 minutos. Añade el tocino y fríelo, revolviendo frecuentemente, hasta que esté crujiente, aproximadamente 6 minutos. Pasa el tocino a un plato con papel toalla para escurrirlo (descarta toda la grasa del tocino que está en la sartén, menos 1 cucharada, y coloca la sartén a un lado para usarla más tarde para freír la cebolla) y después añade el tocino a los frijoles que están en la olla. Continúa cocinando los frijoles, revolviéndolos ocasionalmente, hasta que estén suaves, de unos 45 minutos a una hora. Si la cacerola se ve seca, añade más agua.

3 Calienta la grasa del tocino que habías guardado, a fuego mediano-alto por 1 minuto. Añade la cebolla y el comino y cocínalos, revolviendo a menudo, hasta que la cebolla se haya suavizado, aproximadamente 2 minutos. Añade los tomates, el jalapeño picado, la sal y la pimienta, y cocina todo hasta que el jalapeño esté suave, unos 3 minutos. Revuelve la mezcla de tomate y cebolla con los frijoles y cuécelos hasta que los sabores se hayan unido, unos 10 minutos. Descarta las hojas de laurel. Sírvelos calientes en tazones, con dos rebanadas de jalapeños encima.

(la receta continúa)

frijoles rancheros
(el método corto)

1 Fríe el tocino como se indica en la página 178 y pásalo a un plato cubierto con papel toalla para escurrirlo (descarta toda la grasa del tocino que está en la sartén, menos 1 cucharada, y coloca la sartén a un lado para usarla más tarde para freír la cebolla).

2 Calienta la grasa del tocino que habías guardado, a fuego mediano-alto por 1 minuto. Añade la cebolla y el comino, y cocinalos, revolviendo a menudo, hasta que la cebolla se haya suavizado, aproximadamente 2 minutos. Añade los frijoles de lata, las hojas de laurel, el orégano, los tomates y el jugo de tomate, el jalapeño picado, el tocino que habías reservado, la sal y la pimienta, y cocina hasta que los sabores se hayan unido, unos 10 a 15 minutos. Sírvelos calientes en tazones, con dos rebanadas de jalapeños encima.

consejito delicioso: Si decides hacer frijoles al estilo casero (sin lata), déjalos en remojo con ½ cucharadita de bicarbonato de sodio, y cuando los cocines, añade otra ½ cucharadita de bicarbonato de sodio. Éste neutraliza los azúcares complejos que provocan indigestión y otros efectos secundarios.

frijoles negros de papá

RINDE 4 PORCIONES

1 cda. de aceite de oliva

1 cebolla amarilla pequeña, picada finamente

2 dientes de ajo, picados finamente

1 hoja de laurel

½ cdta. de pimentón dulce

½ cdta. de sal

2 latas de 15 oz. de frijoles negros, enjuagados y escurridos

½ cdta. de salsa Tabasco

¼ de tz. de vino de Jerez seco

Esta es la receta de mi papá para los mejores frijoles negros que he probado en mi vida —y créeme, ¡he probado muchos!

1 Calienta el aceite en una cacerola mediana a fuego mediano-alto por 1 minuto. Añade la cebolla, el ajo y la hoja de laurel, cocina todo, revolviendo a menudo, hasta que la cebolla esté suave, aproximadamente 2 minutos.

2 Revuelve el pimentón y la sal, y cocina por 30 segundos, o hasta que se sienta el aroma del pimentón. Agrega los frijoles y cocínalos, revolviéndolos a menudo, hasta que estén lo suficiente-mente calientes, unos 5 minutos. Agrega la salsa Tabasco y el vino de Jerez, deja hervir y cocina por 1 minuto. Sírvelos inmediatamente o déjalos enfriar, pasándolos a una bolsa para congelar, con cierre hermético, y congélalos hasta por 1 mes.

garbanzos rápidos

RINDE 4 PORCIONES

1 lb. (2 tz.) de garbanzos de lata, enjuagados y escurridos

1 cebolla roja, blanca o amarilla mediana, picada finamente

½ pimiento verde, sin semillas ni nervaduras y picado finamente

1 tomate mediano, descorazonado, cortado por la mitad y picado finamente

2 cdas. de hojas de perejil frescas, picadas

⅓ de tz. de aceite de oliva

⅓ de tz. de jugo de limón (de aproximadamente 1½ limones)

Sal y pimienta fresca molida

1 huevo duro, pelado y picado

Esta receta de garbanzos resulta útil para cualquier ocasión. Es excelente para el desayuno con huevos fritos; para una fiesta o cóctel; para un picnic; y como un almuerzo rápido para llevar. Usualmente tengo todos los ingredientes a la mano, por lo que cuando no sé qué haré para el almuerzo o la cena, esto es lo que preparo al instante. Con una pechuga de pollo a la parrilla o un pescado dorado en la sartén, me siento totalmente feliz.

1 Pon los garbanzos en un recipiente mediano, y revuélvelos con la cebolla, el pimiento, el tomate y el perejil.

2 Bate el aceite de oliva y el jugo de limón juntos, en un recipiente separado. Añade esta mezcla a los garbanzos y combina los ingredientes. Sazona a gusto con sal y pimienta, añade los huevos, revuélvelos suavemente y sírvelos.

lentejas de último minuto

RINDE 4 PORCIONES

1½ tz. de lentejas marrones secas, enjuagadas y escurridas

1 cebolleta mediana, cortada por la mitad y picada finamente

1 cda. bien llena de mostaza Dijon

1 cdta. de vinagre de Jerez

Sal y pimienta fresca molida

Aceite de oliva extra virgen para servir (opcional)

Son deliciosas, ya sean tibias, a temperatura ambiente o frías, y sirven como una gran guarnición para el salmón, el bacalao, la pechuga de pollo o la chuleta de cerdo. Mantén estos ingredientes en tu despensa para que puedas preparar una comida saludable en sólo 30 minutos. Si te sientes presionada por el tiempo, usa 1 lata de 15 onzas de lentejas, enjuágalas y escúrrelas bajo agua fría, en lugar de hacer las lentejas secas.

1 Pon las lentejas en una cacerola grande con 3 tazas de agua. Llévalas a ebullición, cúbrelas y reduce el calor a mediano-bajo. Cuécelas por 25 a 30 minutos, o hasta que las lentejas estén suaves. Quítalas del calor.

2 En un recipiente grande, mezcla la cebolleta, la mostaza y el vinagre. Añade las lentejas y un poco de sal y pimienta, y revuelve bien. Sírvelas frías o a temperatura ambiente, aderezando con un poco de aceite de oliva si lo deseas.

el mejor arroz blanco básico

RINDE 4 A 6 PORCIONES

2 tz. de arroz blanco de grano largo

4 tz. de caldo de pollo (o agua) hecho en casa o de lata (bajo en sodio)

1 cda. de mantequilla sin sal

1½ cdtas. de aceite de oliva

1 cdta. de sal

A menudo somos más exigentes con los alimentos más simples: los huevos revueltos perfectos, lo esponjoso de un panqueque, el eterno debate entre las galletas de chocolate crujientes y las suaves (¡crujientes, por supuesto!). Hacer un excelente arroz blanco no es la excepción a esta regla y he descubierto que cada quien tiene su propia manera especial de cocinarlo. A mí me gusta húmedo, con los granos abiertos. Si estás de acuerdo con mi preferencia, nunca te equivocarás al preparar esta receta. Para un poco de sabor extra, cocina el arroz con vegetales o caldo de pollo.

1 Pon el arroz en una cacerola grande con el caldo de pollo, mantequilla, aceite de oliva y sal. Caliéntalo hasta que hierva, sin tapar, y cocina hasta que veas que en la superficie se forman hoyos que atraviesan hacia abajo, aproximadamente 8 minutos.

2 Reduce el calor hasta el nivel de fuego más bajo y cubre la cacerola. Cocina durante 20 minutos, entonces espónjalo y sírvelo.

consejito delicioso: Si en tu refrigerador tienes restos de vegetales al azar, como media cebolla o pimiento, o un par de cebolletas, agrégalas a la cacerola con los demás ingredientes para darle más sabor al arroz. Sólo recuerda sacar los vegetales muy blandos o pasados antes de servir.

arroz con coco

RINDE 6 A 8 PORCIONES

2 tz. de arroz blanco de grano largo

1 lata de 14 oz. de leche de coco *light*

1 cda. más 1½ cdtas. de azúcar

1 cdta. de sal

½ tz. de pasas

½ tz. de hojuelas de coco tostadas

El arroz con coco viene en dos estilos: claro y oscuro. El oscuro necesita horas para hacerse, porque se cocina, y se cocina, y se cocina hasta que esté dulce, acaramelado, crujiente y rico. Yo dejo este asunto tan laborioso a los profesionales de los restaurantes, a quienes les pagan por eso, y por mi parte lo que preparo es una versión ligera de arroz con coco estilo casero. Es un poco pegajoso, medianamente dulce y su sabor es totalmente asombroso cuando se come con algo sustancioso y salado, como un pescado frito entero, estofado de carne o costillas de cordero.

1 Pon el arroz, 2 tazas de agua, la leche de coco, el azúcar y la sal en una cacerola mediana, y mezcla todo bien. Lleva el arroz a ebullición, luego reduce el calor a fuego mediano-bajo y cuécelo, revolviendo ocasionalmente para que el arroz no se pegue a la parte inferior de la cacerola y se queme, hasta que el agua se haya evaporado y quede justo abajo del nivel de arroz, y cuando empiecen a formarse pequeños hoyos en la superficie. Reduce el calor al fuego más bajo, cubre la cacerola y continúa cocinando hasta que el arroz esté suave, de 20 a 25 minutos.

2 Esponja el arroz con un tenedor y revuélvelo con las pasas. Cubre la cacerola y déjala sobre el calor hasta que las pasas estén hinchadas y tibias, aproximadamente 10 minutos. Espolvorea el arroz con las hojuelas de coco tostadas y sírvelo.

arroz rojo

RINDE 4 A 6 PORCIONES

1 cda. de aceite de oliva

1 cebolla pequeña, picada finamente

2 dientes de ajo, picados finamente

2 tz. de arroz blanco de grano largo

2 tz. de tomates machacados, de lata

1 cdta. de achiote en polvo

1 hoja de laurel

2½ tz. de caldo de pollo hecho en casa o de lata (bajo en sodio)

Para la cocina latina, el arroz rojo es lo que el arroz "sucio" es para la cocina cajún: es una parte de casi cada plato y se prepara en casi todas las cocinas. Aunque para preparar arroz rojo existen diversos paquetes de sazón que se venden en las tiendas de alimentos, prefiero añadir polvo de achiote fresco al arroz. El polvo de achiote está hecho de semillas de achiote molidas y es usado más por su color que por su sabor (tiene un gusto muy suave a almizcle); es también el elemento principal en la sazón del arroz rojo. Una comida de arroz rojo y Frijoles negros de papá (ver pág. 182) es el plato perfecto.

1 Calienta el aceite en una cacerola mediana a fuego mediano-alto por 1 minuto. Añade la cebolla y el ajo, y cocina, revolviendo ocasionalmente, hasta que la cebolla esté suave, aproximadamente 2 minutos. Añade el arroz y cocina, revolviendo a menudo, hasta que esté opaco, unos 2 minutos. Añade los tomates, el achiote en polvo, la hoja de laurel y el caldo de pollo, y revuelve una vez.

2 Lleva a ebullición, luego reduce el calor a fuego mediano-bajo y cocina hasta que el líquido se evapore, justamente debajo del nivel del arroz, unos 12 minutos. Reduce el calor al fuego más bajo. Tapa la cacerola y cocina hasta que el arroz esté suave, de 20 a 25 minutos. Destapa la cacerola, espónjalo con un tenedor y sírvelo.

consejito delicioso: Incluso yo, algunas veces, quemo mi arroz. Puedes salvar la parte que no se ha quemado sacando con una cuchara el arroz que no está pegado a la cacerola y colocándolo en un envase con tapa. Pon una cebolla pequeña pelada en el centro del arroz y tapa el envase de forma hermética. Después de 20 minutos, la cebolla milagrosamente habrá absorbido todo el sabor quemado y amargo del arroz.

arroz con coca-cola

RINDE 4 A 6 PORCIONES

1½ cdas. de aceite vegetal

2 tz. de arroz blanco de grano largo

½ cdta. de sal

3½ de tz. de Coca-Cola

¼ de tz. de pasas

3 cdas. de almendras en rebanadas, ligeramente tostadas

Estoy ligeramente obsesionada con la Coca-Cola: el logo, el camión, el rojo intenso de la lata. Esta bebida se usa en muchas recetas de América Latina, especialmente en Sudamérica, y le da un sabor dulce y picante a cada comida. Puedes pedir arroz con Coca-Cola en muchos restaurantes latinos, pero por supuesto que siempre tendrán mejor sabor cuando lo haces en casa. Es delicioso con cualquier plato de cerdo o de carne que se haya cocinado durante largo tiempo.

1 Calienta el aceite en una cacerola grande a fuego mediano-alto por 1 minuto. Añade el arroz y cocínalo, revuélvelo a menudo hasta que esté opaco, aproximadamente 2 minutos.

2 Añade la sal a la Coca-Cola y revuelve hasta que se disuelva (la sal ayuda a quitarle algo de la gasificación) y entonces añade al arroz con ½ taza de agua. Lleva a ebullición, después reduce el calor a fuego mediano-bajo y cocina hasta que el líquido se haya evaporado casi completamente, unos 15 minutos. Añade las pasas y las almendras y revuélvelas, y reduce el calor a lo más bajo posible. Tapa la cacerola y cocina hasta que el arroz esté suave, aproximadamente 25 minutos. Destapa la cacerola, espónjalo con un tenedor y sírvelo.

arroz esmeralda

RINDE 4 PORCIONES

2 tz. de arroz blanco de grano largo

2 cdas. de mantequilla sin sal, derretida

¼ de tz. de hojas de cilantro fresco, picado finamente

¼ de tz. de hojas de perejil fresco, picadas finamente

½ cdta. de ralladura de lima

¼ de tz. de queso parmesano rallado finamente

Sal y pimienta fresca molida

Cuando planifico un menú, siempre pienso en los colores y texturas que están sobre la mesa. Para producir una sensación festiva, planifico muchos colores brillantes y fuertes, como rojos (tomates y pimientos), rosados (camarones y sandía) y anaranjados (salmón y pimientos anaranjados). Una comida casera puede tener los colores de la tierra, como cafés (hongos y cebollas asadas) y rojo quemado (cerdo cocinado lentamente). No importa lo que decida cocinar, siempre puedo contar con que el verde esmeralda brillante de este arroz le dará unidad al conjunto. Además de ser absolutamente delicioso, el contraste que provee con otros platos es asombroso. Esta receta también puede prepararse con quinoa. Simplemente, sustituye el arroz por 2 tazas de quinoa cocinada.

1 Precalienta el asador del horno a temperatura alta.

2 Cocina en el horno microondas el arroz a una potencia alta en incrementos de 30 segundos, hasta que esté lo suficientemente tibio. Pon el arroz en una cacerola a prueba de calor o en un molde para horno y revuélvelo con la mantequilla, el cilantro, el perejil, la ralladura de lima y el queso parmesano. Pon el plato bajo el asador hasta que la superficie esté dorada, de 5 a 7 minutos. Revísalo a menudo, ya que los asadores varían. Sazónalo con sal y pimienta, y sírvelo.

verduras

mi manera favorita de comer las verduras frescas es simplemente al vapor o con aceite de oliva y un poco de sal gruesa, que le dan una textura crujiente, y un poco de pimienta fresca que le dé sabor. No todas las personas son como yo, y para lograr que mis amigos y familiares coman más verduras, añado sabores frescos como lima, cilantro y otras hierbas, y muchas especias, incluso un poco de queso. Una cucharadita de salsa inglesa es el secreto de la receta del Brócoli a la brava (ver pág. 195); le da al brócoli un sabor más complejo e interesante. El Puré de plátanos (ver pág. 204), que es la versión del puré de papas, con un sabor sutilmente dulce y picante, se acentúa con la pimienta de Cayena y el queso *pepper Jack.* El repollo rojo, mangos, jugo de lima y el cilantro fresco hacen de la Ensalada de mango y repollo rojo (ver pág. 206) una celebración colorida de dulzura, con un fantástico contraste entre lo suave y lo crujiente de los mangos y el repollo crudo.

Para añadir verduras deliciosas a mi mesa sin pasar mucho trabajo, me aseguro de visitar con regularidad la sección de las ensaladas en el supermercado. Este es el mejor secreto para no tener que cortar grandes cantidades de pimientos, repollo, zanahoria, hongos, lechuga, pepino y calabaza. ¿Por qué hacerlo, si ya alguien ha hecho antes el trabajo por ti? Y como puedo comprar las cantidades exactas que necesito, con frecuencia gasto *menos* dinero en verduras ya cortadas en cubitos o rebanadas que cuando yo misma tengo que cortarlas.

Cuando sé que voy a tener que cocinar en casa durante dos noches seguidas, si tengo que cortar una cebolla o un pimiento para un plato, corto uno adicional de cada uno para el día siguiente. Si envuelves las verduras cortadas en un plástico no poroso o en un envase hermético, la mitad de tu trabajo para el día siguiente ya estará casi hecho.

brócoli a la brava

RINDE 4 PORCIONES

5 tz. de flores de brócoli pequeñas (de aproximadamente 1 cabeza grande)

2 de cdas. de aceite de oliva

3 a 4 dientes de ajo, picados finamente

¼ de cdta. de pimienta roja

1 cdta. de salsa inglesa

1 cdta. de cáscara de lima rallada

Hay varios meses en el año cuando el brócoli es el único vegetal verde en el supermercado que luce bien. Si se cocina sólo al vapor con un poco de jugo de limón, esta preparación no toma mucho tiempo y realza una comida de invierno. Si te gusta el sabor ligeramente amargo, puedes usar brocolini en lugar de brócoli.

1 Pon a cocer el brócoli al vapor, en una olla vaporera con agua hirviendo, y tápala hasta que esté cocinado, pero crujiente, de 3 a 5 minutos. (Puedes también cocer ligeramente el brócoli en una cacerola grande, con agua salada hirviendo, hasta que esté suave-crujiente, de 5 a 7 minutos.) Pasa el brócoli a un recipiente grande y apártalo.

2 Calienta el aceite de oliva en una sartén pequeña a fuego mediano-bajo por 1 minuto. Añade el ajo y cocínalo hasta que esté aromático, aproximadamente 1 minuto. Revuelve la pimienta roja y la salsa inglesa. Añade el brócoli a la sartén y revuelve todo junto, para unir los sabores. Sírvelo espolvoreado con la ralladura de lima.

consejito delicioso: Si encuentras un espléndido brócoli en el mercado, úsalo como centro de mesa. Corta la parte de abajo y envuelve el tallo en rafia como si fuera un bouquet. Ponlo en un florero con agua y tendrás un bellísimo adorno.

puré de coliflor picante y ahumada

RINDE 4 A 6 PORCIONES

4 tz. de flores de coliflor (de aproximadamente 1 cabeza grande)

1 tz. de *mozzarella* rallada

½ tz. de leche

3 cdas. de crema agria

1 cda. de jugo de lima (de aproximadamente ½ lima)

1 a 2 cdtas. de salsa de adobo

Sal y pimienta fresca molida

Cilantro fresco picado, para servir

El puré de coliflor es una alternativa más suave y ligera al puré de papas. Un poco de salsa de adobo de una lata de chiles chipotle en adobo le añade un matiz maravillosamente ahumado; pero no necesitas agregarle mucho —basta un poquito. También puedes añadirle otras raíces de vegetales, como chirivía, apio o naba, o una combinación de los tres. Un puré de verduras es una manera excelente para que los niños, e incluso los adultos, coman sus vegetales. Es también fantástico con cebollinos en vez de cilantro y ⅛ de cucharadita de nuez moscada rallada en lugar de salsa de adobo.

1 Cocina al vapor la coliflor en una cacerola sumergida en agua caliente, tápala hasta que esté suave, de 15 a 20 minutos.

2 Pasa la coliflor cocinada a una licuadora y hazla puré con el queso, la leche, la crema agria y el jugo de lima hasta que esté suave; raspa los lados del frasco de la licuadora si es necesario. Añade la salsa de adobo, sal y pimienta a gusto, bate unas veces más y pasa el puré a un recipiente de servir. Espolvorea el cilantro y sirve.

pudín de maíz

RINDE 6 A 8 PORCIONES

6 mazorcas de maíz desgranadas (aproximadamente 4 tz. de granos de maíz)

¾ de tz. de leche

2 cdas. de mantequilla

Sal y pimienta fresca molida

¼ de tz. de crema de leche

1 barra (½ tz.) de mantequilla sin sal, derretida, más 1 cda. a temperatura ambiente

4 huevos grandes, ligeramente batidos

1 tz. de harina de maíz amarilla

1 cdta. de sal

2 tz. (1 pinta) de crema agria

8 oz. de queso *Cheddar* rallado (aproximadamente 2 tz.)

Podría comer este pudín de maíz todos los días sin cansarme nunca. Es cremoso, dulce y reconfortante, y en cierto modo, es incluso mejor para el desayuno que para la cena. Es muy especial con la crema de maíz hecha en casa, pero debo ser sincera y admitir que lo he hecho con dos latas de 15 onzas de maíz en crema y tiene un sabor casi tan delicioso como el otro. Si vas a hacerlo de esta manera, quita de la receta el maíz, la leche, la crema y dos cucharadas de mantequilla. El maíz es natural de Centro y Sudamérica. La evidencia más antigua que se posee de maíz silvestre fue encontrada en Ciudad de México y se cree que tiene más de 70.000 años.

1 Para hacer la crema de maíz, pon ¾ taza de granos de maíz y añade ½ taza de leche; bate en la licuadora hasta obtener un puré espeso.

2 Derrite la mantequilla en una sartén grande a fuego mediano-alto. Añade las restantes 3¼ tazas de granos de maíz junto con cualquier líquido del maíz que se haya acumulado, sazónalos con sal y pimienta, y cocínalos hasta que estén suaves, de 2 a 3 minutos. Añade el puré de maíz, la restante ¼ taza de leche y la crema, y calienta suavemente. Reduce el calor a mediano-bajo y cocina hasta que el líquido esté ligeramente espeso, de 2 a 3 minutos.

3 Precalienta el horno a 350°F. Engrasa un molde para horno de 8 x 11 pulgadas con una cucharada de la mantequilla suavizada y apártalo.

4 Combina la mantequilla derretida, los huevos, la harina de maíz, la sal, la crema agria y el queso, en un recipiente grande. Revuelve todo con la crema de maíz y mezcla bien. Pasa la mezcla al molde para horno que tenías preparado y hornea hasta que los bordes estén firmes, pero cuando el centro todavía se mueva ligeramente y un probador de pastel indique un poco de humedad, aproximadamente 1 hora. Enfría durante 10 minutos antes de servir.

maíz picante con mantequilla de chimichurri

RINDE 6 PORCIONES

1 cda. de vinagre de vino de Jerez

1½ cdtas. de jugo de limón fresco

⅓ de tz. de hojas de perejil picadas

1½ cdas. de hojas de orégano frescas

1 diente de ajo, picado en trozos

Pimienta roja

½ tz. (1 barra) de mantequilla sin sal, a temperatura ambiente

8 mazorcas de maíz, sin las hojas

Queso cotija rallado, para servir (opcional)

Cuñas de lima, para servir (opcional)

Cubre el maíz cocido o asado con esta mantequilla mezclada. La mantequilla de chimichurri se mantendrá en el refrigerador durante unos cuantos días o en el congelador hasta por un mes. Como una guarnición incluso más fácil, descongela una bolsa de maíz en el horno microondas y revuélvelo con un poco de la mantequilla de chimichurri antes de servir. El queso cotija es un queso mexicano seco y salado que puede desmenuzarse. Es fantástico para espolvorear sobre el maíz. El queso *feta* o el ricota salado son buenos sustitutos. Puedes obtener más porciones de maíz si divides las mazorcas en dos o tres pedazos.

1 Coloca el vinagre, el jugo de limón, el perejil, el orégano, el ajo y la pimienta roja en un procesador de alimentos y ponlo a funcionar hasta que todo esté finamente cortado. Pasa la mezcla a una estopilla de algodón o a una toalla de cocina y exprímela hasta eliminar el exceso de líquido. Pon la mezcla en un recipiente pequeño y revuélvela con la mantequilla.

2 Pasa la mantequilla de chimichurri a papel plástico para envolver y dale forma de tronco. Enrolla el plástico y refrigérala hasta que esté sólida.

3 Mientras tanto, pon a hervir una cacerola grande de agua salada. Añade las mazorcas de maíz y hiérvelas hasta que estén suaves, de 5 a 7 minutos. Escúrrelas y pásalas a un bandeja. Pon una rueda de mantequilla de chimichurri en cada mazorca y sírvela espolvoreando el queso cotija, con una cuña de lima al lado.

habichuelas con menta y maní

RINDE 4 PORCIONES

¼ de cdta. de sal, más otro poco para hervir las habichuelas (judías verdes, ejotes).

12 oz. de habichuelas, recortadas

½ pimiento rojo, sin semillas ni nervaduras y cortado en rebanadas finas

⅓ de tz. de aceite de oliva extra virgen

⅓ de tz. de jugo de lima fresco (de aproximadamente 2½ limas)

2 cdtas. de azúcar

½ tz. de maní, tostado, picado y ligeramente salado

2 cdas. de hojas de cilantro fresco, picadas

2 cdas. de hojas de menta fresca, picadas

Si has probado la cocina de Indonesia, reconocerás los sabores picante-dulce-cítricos que tiene esta receta. Es fantástica con cualquier plato asado a la parrilla, especialmente pescado. Para darle aun más sabor del este asiático, añade algunos brotes de bambú y jengibre fresco rallado. Ya que sacaste la tabla de cortar afuera y el cuchillo está sucio, ¿por qué no aprovechas y cortas ahora la mitad del pimiento restante y la envuelves en plástico para usarlo más tarde? Puedes añadir los pimientos picados a huevos revueltos, frijoles, a un sobre de pescado o a una ensalada.

1 Vacía una bandeja de cubos de hielo en un recipiente grande con agua fría y apártalo. Lleva al punto de ebullición una cacerola grande con agua salada y añade las habichuelas. Cocínalas hasta que estén crocantes-suaves, de 6 a 8 minutos. Escúrrelas, después sumérgelas en el agua con hielo para detener la cocción. Escúrrelas y pásalas a un recipiente grande.

2 Añade el pimiento a las habichuelas y revuélvelas bien. Bate el aceite de oliva, el jugo de lima, el azúcar y ¼ cucharadita de sal juntos en un recipiente pequeño. Pon la vinagreta sobre las habichvelas y los pimientos. Antes de servir, espolvorea el maní picado, el cilantro y la menta.

pimientos llenos de sabor

1 cda. de mantequilla sin sal, a temperatura ambiente

2 cdas. de aceite de oliva

1 lb. de carne de res magra molida

1 cebolla amarilla mediana, picada

1 diente de ajo, picado finamente

2 tomates pequeños, descorazonados, cortados por la mitad y picados

1 manzana verde pequeña, pelada, descorazonada y picada

1 cda. de vinagre de vino tinto

¾ de cdta. de Adobo delicioso para sazonar (ver pág. 22) o adobo comprado (ver "La despensa deliciosa", pág. 10)

3 oz. de aceitunas verdes, sin carozo, picadas en trozos

1 huevo duro, picado

½ tz. de hojas planas de perejil picadas

4 pimientos verdes cortados en la parte superior, sin las semillas y nervaduras, y cortados en la parte de abajo para que puedan sostenerse verticalmente

1 tz. de *mozzarella* desmenuzada

Pimentón

Por fuera, lucen como si fueran los clásicos pimientos rellenos, pero por dentro ¡ten cuidado! Estos pimientos rellenos tienen un sabor potente. A diferencia de la receta tradicional de arroz, carne molida, cebollas y quizás algo de *ketchup*, mis pimientos están rellenos con gran cantidad de aromas y especias, como ajo, adobo, aceitunas verdes, perejil y pimentón. La *mozzarella* añade sabor, mientras que la manzana verde le da un poco de dulzura. A mí me encanta el *ketchup*, pero en esta receta uso tomates frescos para darle una ligera nota ácida. Estos pimientos se pueden congelar muy bien, ¿por qué no hacer el doble? Puedes sacar y servir una porción sencilla y recalentarlos la próxima vez que estés demasiado cansada para cocinar. Para una linda presentación, rellena diferentes pimientos: verde, anaranjado, rojo y amarillo.

1 Precalienta el horno a 350°F. Engrasa un molde para horno cuadrado de 8 pulgadas con la mantequilla y apártalo.

2 Calienta el aceite de oliva en una sartén grande a fuego mediano-alto. Añade la carne y cocínala, desbaratándola en pedazos grandes, hasta que esté de color café, de 5 a 8 minutos. Añade la cebolla y el ajo, y cocínalos, revolviendo a menudo, hasta que la cebolla esté suave, aproximadamente 8 minutos. Añade y revuelve los tomates, la manzana, el vinagre y el adobo. Reduce el calor a mediano-bajo y cocina, tapando la sartén, hasta que la manzana esté suave, unos 10 minutos. Remueve la sartén del calor y añade las aceitunas, el huevo y el perejil y revuelve.

3 Con una cuchara, vierte la mezcla dentro de los pimientos y añade encima el queso. Coloca los pimientos rellenos en el plato para horno y hornea hasta que estén suaves y el queso se haya derretido, de 30 a 45 minutos. Espolvorea un poco de pimentón antes de servir.

consejito delicioso: Compra unas cuantas hojas de banana anchas (u otras hojas tropicales no tóxicas) en el departamento de flores del supermercado y úsalas para adornar los platos. Las hojas le añaden un aire exótico incluso a los alimentos más clásicos y tradicionales.

patacones (tostones)

2 plátanos verdes

1 tz. de aceite vegetal, y más si es necesario

Sal

Salsa picante de ají con cebolleta y lima (ver pág. 102)

También conocidos como tostones, los plátanos fritos son sabrosos y crujientes. Si los pides en un restaurante, casi siempre vienen con alguna salsa verde fresca al lado para mojarlos en ella. Junto a un trozo de carne, los patacones son una alternativa deliciosa y diferente a las papas asadas, y son el acompañante fantástico para un tazón de frijoles. No se recalientan bien —aprovecha y cómelos acabaditos de hacer.

1 Corta los extremos de los plátanos y después, cuidadosamente, corta a lo largo la cáscara sin cortar dentro el plátano mismo. Usando una cuchara de madera, levanta los bordes y pélalos halando la cáscara. Una vez que hayas quitado la cáscara, corta el plátano en 3 ó 4 pedazos, cada una de 2 ó 3 pulgadas de largo.

2 Calienta el aceite en una sartén mediana a fuego alto, aproximadamente 3 minutos. Añade los plátanos y fríelos hasta que se pongan dorados por todos lados, unos 3 minutos. Usa una cuchara con ranuras para pasarlos a un plato cubierto con papel toalla, para escurrirlos, y después ponlos entre 2 hojas de papel encerado. Reduce el calor a mediano.

3 Aplasta los plátanos, presionándolos hacia abajo con una ollita pesada. Regresa la mitad de los plátanos aplastados a la cacerola con aceite y refríelos hasta que estén bien dorados en ambos lados, de 4 a 6 minutos. Pásalos de nuevo al plato con papel toalla para escurrirlos y repite el proceso con el resto de los plátanos. Espolvorea sal y sirve inmediatamente con la salsa de ají.

consejito delicioso: El secreto para hacer tostones es que el aceite no esté demasiado caliente. De esta manera, en vez de dorarlos la primera vez, los fríes hasta que queden casi completamente cocinados por dentro. Después, los aplastas y los cocinas de nuevo hasta que estén crujientes.

puré de plátanos

RINDE 4 PORCIONES

4 plátanos muy maduros, con la cáscara negra

5 cdas. de mantequilla sin sal, a temperatura ambiente

1 cda. de tomillo fresco, picado finamente, o 1½ cdtas. de tomillo seco

Pimienta de Cayena (opcional)

Sal

1½ tz. de leche tibia entera, y un poco más si es necesario

½ tz. de queso mexicano rallado mezclado (o ½ tz. de queso *pepper Jack* o *mozzarella*)

Más dulce y salado que el puré de papas, el puré de plátanos resulta delicioso con cualquier plato de carne. A mí me encanta con cerdo asado a fuego lento. Quizás podrías usar sobras de comida para hacer frituras de plátanos o bolitas de masa (*dumplings*), ¡pero como a mí nunca me sobra comida, tendrás que decirme cómo te quedan! En las bodegas latinas los plátanos a menudo se venden con varios grados de madura-ción: verde, amarillo y pintón. Los plátanos toman más tiempo que la banana en madurar, por lo que si los compras verdes o amarillos, planifica por lo menos 5 días para que maduren completamente. Puedes acelerar la maduración si los metes en una bolsa de papel y los dejas a temperatura ambiente.

1 Pon a hervir una cacerola grande con agua. Corta las terminacio-nes de los plátanos y hiérvelos hasta que sus cáscaras comien-cen a separarse, de forma que un cuchillo de pelar pueda penetrar fácilmente en sus centros, de 15 a 20 minutos. Escúrrelos. Una vez que los plátanos estén lo suficientemente fríos para manipularlos, quítales la cáscara y regrésalos de nuevo a la olla. Aplasta los plátanos, o para obtener una textura más fina, presiónalos a través de un aplasta papas (instrumento que se usa en la cocina con agujeros pequeños, no más grandes que un grano de arroz).

2 Añade la mantequilla, el tomillo, la pimienta de Cayena (si se usa) y un poco de sal, y mezcla todo bien. Gradualmente añade la leche tibia y mézclala hasta que los plátanos alcancen la consisten-cia deseada (me gustan medio gruesos, con unos cuantos bultos). Si están demasiado gruesos y pegajosos para tu gusto, entonces viérteles un poco más de leche tibia. Añade el queso y revuélvelo, y una vez que esté derretido, sírvelos inmediatamente.

polenta con salsa de tomate y pimiento

RINDE 4 PORCIONES

PARA LA SALSA

1 cda. de mantequilla sin sal

½ pimiento rojo, sin semillas ni nervaduras, y cortado en rodajas finas

½ pimiento verde, sin semillas ni nervaduras, y cortado en rodajas finas

1 cebolla amarilla pequeña, cortada en rodajas finas

1 tomate pequeño, descorazonado y picado

1 cda. de salsa para sazonar Maggi o salsa inglesa

Sal y pimienta fresca molida

PARA LA POLENTA

2 cdas. de mantequilla sin sal

½ cdta. de sal

1 tz. de harina de maíz, molida en forma gruesa

Hay una enorme población de italianos en Argentina entre la que los platos italianos como los ñoquis de papas, pizza y polenta son muy populares. Esta es una polenta estilo Caribe, que se come a través de las Antillas holandesas, y cuya textura es ligeramente más suave que la de la polenta italiana. Resulta fantástica con esta salsa criolla. Prepara el doble de la salsa y úsala como condimento durante toda la semana; es fabulosa con huevos revueltos o escalfados, arroz, pasta o pollo asado. Si te sobra polenta, haz frituras de polenta. Corta la polenta sobrante en cuñitas y fríe las tajadas en dos cucharadas de aceite de canola, u hornéalas a 400°F hasta que queden doradas y crujientes.

1 Para hacer la salsa, derrite la mantequilla en una sartén mediana a fuego mediano-alto. Añade los pimientos, la cebolla, el tomate, la salsa para sazonar Maggi y la sal y pimienta, y cocina, revolviendo a menudo, hasta que los pimientos y la cebolla estén suaves, y el tomate esté desbaratándose, de 6 a 8 minutos. Apártala o refrigérala, tapada, hasta por 3 días.

2 Para hacer la polenta, pon en una cacerola pequeña tres tazas de agua, la mantequilla y la sal, y lleva a ebullición a fuego mediano-alto. Añade la harina de maíz, reduce el calor a mediano-bajo y continúa cocinando, revolviendo constantemente, hasta que la mezcla se espese y se separe de los lados y del fondo de la cacerola, aproximadamente 5 minutos. Tapa la polenta con un plato y dale vuelta, para que la torta de polenta quede al revés. Pásala aprisa a un plato de servir, con el lado suave hacia arriba. Sírvela caliente con la salsa tibia encima (si se hace la salsa con anticipación, caliéntala antes de servirla).

ensalada de mango
y repollo (col) rojo

RINDE 4 PORCIONES

1 cabeza de repollo, cortada por la mitad y picada finamente en tiritas (aproximadamente 8 tz.)

1 cdta. de sal

1 mango maduro grande o 2 pequeños, pelados, cortados desde la semilla y después en cubitos (ver pág. 50)

1 cda. de hojas de cilantro frescas, picadas

¼ de tz. de jugo de lima (de aproximadamente 2 limas)

1 cda. de vinagre de sidra de manzana

1 cda. de azúcar granulada

Dulce y cítrico, este es un refrescante cambio a las ensaladas de repollo (col) llenas de mayonesa. Es muy buena con chicharrones de pescado frito (ver pág. 82) o pollo frito, y es un plato absolutamente obligatorio en mis barbacoas.

1 Pon el repollo en un recipiente grande y revuélvelo con la sal, usando tus manos para presionarlo firmemente y sacar la humedad, de forma que absorba mejor la sal. Pasa el repollo a un colador y ponlo sobre un recipiente; déjalo durante 20 minutos para que se escurra.

2 Usando papel toalla o una toalla de cocina, quítale al repollo todo el líquido que puedas y ponlo en un recipiente grande y limpio. Revuélvelo con los mangos, el cilantro, el jugo de lima, el vinagre y el azúcar. Deja la ensalada de repollo a temperatura ambiente por 15 minutos antes de servir.

papas a la huancaína (papas peruanas con salsa de crema picante)

RINDE 4 PORCIONES

2 papas *russet* medianas, frotadas hasta que queden limpias

10 oz. de queso *feta*, desmenuzado en pequeños trocitos

⅓ de tz. de leche evaporada

2 ó 3 ajíes amarillos picantes, sin semillas ni nervaduras (o 3 pimientos rojos o amarillos asados, sin semillas ni nervaduras, más 1 cda. de pimienta de Cayena)

1 diente de ajo, picado finamente

½ tz. de aceite canola o vegetal

1 cda. de jugo de lima (de aproximadamente ½ lima)

Sal

4 hojas de lechuga grandes (como *Bibb* o romana)

2 huevos duros, pelados y cortados en rebanadas para adornar

2 cdas. de hojas planas de perejil picadas, para adornar

Se cree que las papas son originales de Perú, y hay pruebas que sugieren que ya se cultivaban allí hace más de dos mil años. Existen unos setecientos tipos de papa conocidos, cubriendo todos los colores del arco iris, desde azul y morado hasta blanco, amarillo y rojo. Las Papas a la Huancaína se sirven a menudo como entrada en Perú y Bolivia, pero también resultan maravillosas como guarnición. Consulta "La despensa deliciosa", página 10, para más información sobre cómo comprar ajíes amarillos.

1 Coloca las papas en una cacerola grande y cúbrelas con agua. Llévalas a ebullición y cocínalas durante 30 minutos o hasta que un cuchillo de pelar penetre fácilmente en sus centros. Escurre las papas y déjalas enfriar ligeramente. Pélalas y córtalas en ruedas de ½ pulgada (deberías obtener en total unas 8 ruedas). Cubre las ruedas con papel plástico para envolver y déjalas aparte.

2 Pon el queso, la leche evaporada, los ajíes, el ajo, el aceite y el jugo de lima en una licuadora y hazlos puré. La salsa debería estar suave, cremosa y fácil de verter. Si la salsa está demasiado espesa, añade agua, 1 cucharada a la vez, hasta que esté más liviana. Sazona a gusto con sal.

3 Coloca las hojas de lechuga en un plato y ponles encima 2 rebanadas de papas. Vierte la salsa sobre las papas. Adórnalas con algunas rebanadas de huevo duro y espolvorea el perejil.

consejito delicioso: Para evitar que se le forme una capa a la salsa de queso, cúbrela con una hoja de plástico de envolver antes de apartarla o refrigerarla.

papas chorreadas

RINDE 4 A 6 PORCIONES

1½ lbs. de papas pequeñas, blancas, amarillas o rojas

1 cda. de aceite de oliva

4 cebolletas, sólo la parte blanca o verde claro, cortadas a lo largo y luego rebanadas en tiras de 1 pulgada

½ cdta. de pasta de tomate

2 tomates maduros, pelados, descorazonados y cortados en cubitos

1 cdta. de Adobo delicioso (ver pág. 22) o adobo comprado (ver "La despensa deliciosa", pág. 10)

¼ de tz. de crema de leche

¼ de lb. de queso *Gouda* o *Edam* rallado

Sal y pimienta fresca molida

Chorreada, como bien dice su nombre, se refiere a la abundante cantidad de salsa de queso que se va a verter sobre estas papas. Resultan excelentes con bistec de res o pollo; o para una comida vegetariana, sólo añade arroz. Este plato también puede prepararse con yuca en vez de papas, lo cual es realmente fácil si compras una bolsa de yuca congelada. Te ahorrarás el tiempo de pelar los duros tubérculos, y el sabor es prácticamente el mismo.

1 Pon a hervir una cacerola con agua salada. Añade las papas y hiérvelas hasta que un cuchillo de pelar pueda penetrar fácilmente en sus centros, de 15 a 20 minutos, según sus tamaños.

2 Mientras tanto, calienta el aceite de oliva en una sartén grande a fuego mediano-alto, durante 1 minuto. Añade las cebolletas y cocínalas, revolviendo a menudo, hasta que estén suaves, aproximadamente 2 minutos. Añade y revuelve la pasta de tomate, cocina durante 30 segundos y después agrega los tomates, el adobo y 2 cucharadas de agua, y cocina todo hasta que la mezcla se espese ligeramente, aproximadamente 5 minutos. Añade y revuelve la crema, el queso y algo de sal y pimienta, y cocina hasta que el queso se haya derretido.

3 Escurre las papas y ponlas en un plato para servir. Vierte la salsa de queso sobre las papas enteras y sírvelas calientes.

papitas fritas de boniato y yuca al horno

RINDE 6 PORCIONES

1 boniato (batata) grande (de aproximadamene 8 oz.), pelado o no, cortado en rebanadas de 4 pulgadas de largo y ¼ a ½ pulgada de espesor

2 cdas. de aceite de oliva o más si se necesita

½ cdta. de chile en polvo

½ cdta. de coriandro molido

Sal gruesa de mar y pimienta fresca molida

8 oz. de yuca congelada

Crema agria, como *dip* (opcional)

Salsa de chile dulce, como *dip* (opcional)

Soy el tipo de persona que pide una ensalada saludable en un restaurante ¡y luego empieza a robarles las papitas a los compañeros de mesa! Tengo buenas intenciones, pero los alimentos fritos siempre me conquistan. Estos palitos asados al horno tienen un sabor tan rico, que nunca extrañas la grasa. La yuca fresca es realmente difícil de pelar, así que no pases trabajo y utiliza yuca congelada. Si no puedes encontrar yuca congelada, usa más boniatos (batatas).

1 Pon una de las parrilla del horno en la posición mediana-alta y la otra en la posición mediana-baja. Precalienta el horno a 450°F. Prepara dos bandejitas de hornear forradas con papel de aluminio y apártalas.

2 Pon las rebanadas de boniato en un recipiente grande y revuélvelas con 1 cucharada de aceite de oliva, ¼ cucharadita de chile en polvo, ¼ cucharadita de coriandro, y un poco de sal y pimienta. Pásalas a una bandejita para horno (deja el recipiente a un lado para la yuca) y hornéalas en la parrilla que está en la posición mediana-baja, hasta que los boniatos empiecen a encogerse, aproximadamente 20 minutos.

3 Mientras tanto, pon a hervir una cacerola grande con agua salada. Añade la yuca y cocínala hasta que esté suave, aproximadamente 25 minutos, y después escúrrela. Una vez que la yuca se haya enfriado lo suficiente para manipularla, córtala en rebanadas de ¼ a ½ pulgada.

4 Pon la yuca en el recipiente grande que habías apartado y revuélvela con la restante cucharada de aceite de oliva (añade más si se necesita para cubrirlas), chile en polvo, coriandro y sal y pimienta. Pasa la yuca a la segunda bandeja para horno que tenías preparada. Mueve los boniatos a la parrilla que está en la posición mediana-alta y pon la yuca en la parrilla que está en la posición mediana-baja. Hornea por 10 minutos y después dale vuelta y hornéalos hasta que estén dorados y crujientes, de 5 a 10 minutos. Sírvelos acompañados de un tazón de crema agria y un tazón de salsa de chile dulce como *dip*, si lo deseas.

delicioso calabacín relleno (*zucchini*)

RINDE 4 PORCIONES

6 cubos de hielo

4 calabacines de 6 pulgadas de largo

1 huevo duro, pelado y cortado

¼ de tz. de *mozzarella* rallada

¼ de tz. de mitad crema-mitad leche

½ cdta. de sal

¼ de tz. de pan rallado seco

¼ de tz. de queso parmesano rallado

1 cdta. de pimentón

1 cda. de hojas planas de perejil frescas, picadas

No me gusta desperdiciar los alimentos. Cuando te crías en un país del Tercer Mundo, aprendes rápidamente a no botar jamás un alimento, pues allí hay muchas personas que pasan hambre. Por eso, saco con una cuchara hasta lo último de la pulpa del calabacin (*zucchini*) y la uso en el relleno. Encontrarás muchos usos para las sobras de los alimentos que puedes mezclar: añade los pedacitos sobrantes de queso parmesano a una sopa, al *risotto* o la salsa para pasta; agrega las hojas de los extremos de los tallos de apio a los caldos para sopa; añade las hojas de la parte superior de las remolachas a los vegetales salteados; y guarda las fibras y pepitas de las calabazas para saltearlas en mantequilla o aceite y obtener una maravillosa base para una sopa de calabaza.

1 Precalienta el horno a 350°F. Cubre una bandejita para horno con papel de aluminio y apártala. Prepara agua helada poniendo los cubos de hielo en un recipiente grande con agua fría.

2 Pon a hervir una cacerola grande con agua. Añade los calabacines y hiérvelos hasta que estén ligeramente suavizados, de 6 a 8 minutos. Escúrrelos en un colador y sumérgelos en el agua helada. Una vez que los calabacines estén fríos, sácalos del agua helada, ponlos en un plato cubierto con papel toalla y apártalos.

3 Combina el huevo cortado, la *mozzarella*, la mitad crema-mitad leche y la sal en un recipiente pequeño. Corta los calabacines por la mitad, a lo largo, y usa una cucharita para sacar las semillas, y después la pulpa. Pon la pulpa en un colador y utiliza una cuchara para presionarla y extraer el líquido; después revuelve la pulpa con la mezcla de huevo y queso.

4 Pon las mitades de calabacines en la bandejita preparada para horno. Rellena cada una con la mezcla de huevo y queso. Mezcla el pan rallado, el queso parmesano y el pimentón en un recipiente pequeño y espolvorea sobre las mitades de calabacines. Hornéalas hasta que estén doradas en la superficie, de 12 a 14 minutos. Sírvelas espolvoreando el perejil picado.

acelga suiza picante con miso y jengibre

RINDE 4 A 6 PORCIONES

Soy adicta a la comida japonesa y tengo fascinación por los ingredientes asiáticos como el *mirin* y la salsa de soya, los cuales le dan una maravillosa calidad refrescante a cualquier alimento que tocan. La acelga suiza suave se adapta a estos sabores como pez en el agua. La acelga de colores como el arcoiris y la acelga roja pueden usarse de la misma forma que la acelga suiza, o pueden combinarse las tres para obtener un plato realmente colorido. Añade 2½ cucharadas de aceite de sésamo a los ingredientes de la vinagreta y tendrás un fabuloso aderezo para una ensalada de espinacas crudas o para un filete de pescado asado.

1 Para hacer la vinagreta, mezcla la pasta de miso, el jengibre, el jalapeño, el *mirin* y la salsa de soya en un recipiente mediano, y apártala.

2 Calienta el aceite de sésamo en una sartén grande a fuego mediano-alto. Añade la cebolla y la pimienta roja y cocina, revolviendo a menudo, hasta que la cebolla empiece a suavizarse, aproximadamente 3 minutos. Revuelve con la acelga suiza y añade la vinagreta. Reduce el fuego a lento, tapa la sartén y cocina hasta que la acelga suiza esté suave, de 6 a 8 minutos, y sírvela.

yuca con mojo cubano

RINDE 4 PORCIONES

1 lb. de yuca congelada

⅔ de tz. de jugo de limón (de aproximadamente 2½ limones)

⅓ de tz. de aceite vegetal

1 cebolla amarilla mediana, cortada en rodajas finas

4 a 6 dientes de ajo, pelados y cortados en rodajas finas

Sal y pimienta fresca molida

1 cda. de hojas de orégano frescas, picadas

Tía Magda es como una segunda madre para mí; ella y mi madre han sido mejores amigas durante más de 30 años. Criada en Cuba, tía Magda hace la salsa de mojo cubano más rica que he probado. Nunca he podido mejorarla, lo que demuestra que hay recetas que quedan mejor sin alterarlas.

1 Pon a hervir una cacerola grande con agua. Añade la yuca y hiérvela hasta que esté suave, aproximadamente 30 minutos. Escurre la yuca y ponla en un plato de servir. Rocíale el jugo de limón.

2 Calienta el aceite en una sartén pequeña a fuego alto hasta que chispee, aproximadamente 3 minutos. Con cuidado, añade las cebollas y el ajo, cuidando que no salpiquen, y cocina durante 1½ minutos, revolviendo constantemente. Pon la cebolla, el ajo y el aceite directamente sobre la yuca. Sazona el plato a gusto con sal y pimienta; después espolvorea el orégano fresco cortado y sírvela.

bebidas deliciosas: ¡a tu salud!

a lo largo de las playas, las calles, los caminos montañosos y las plazas de prácticamente cada pueblito que visites en América Latina, encontrarás cabañitas en las que se venden batidos (refrescantes bebidas hechas con agua, leche, fruta y hielo). Preparo batidos constantemente y los que mejor me quedan son los más improvisados, preparados con cualquier fruta que me haya quedado en el refrigerador.

A veces separo pequeñas porciones de fruta en bolsas herméticas y las guardo en el congelador. Cuando siento hambre, meto la fruta junto con leche, agua o hielo en la licuadora y rápidamente recargo energías.

Sudamérica y el Caribe son famosos por sus frutas tropicales como la guayaba, la baya açaí del Amazonas, la papaya o la guanábana. Los jugos tropicales se transforman en sofisticados cócteles cuando se combinan con alcohol. Incluso si voy a servir vino durante la cena, me gusta ofrecerles a mis invitados una bebida de bienvenida que ponga a todos en el estado de ánimo apropiado para pasar un buen rato. El ponche es divertido, sofisticado, fácil de hacer y económico. Ya que vas a mezclar jugo y alcohol no hay necesidad de adquirir las marcas más caras del mercado, aunque creo firmemente que se debe cocinar (o mezclar) con vinos y bebidas que puedas consumir por sí solas.

Si vas a dar una fiesta, la presentación de las bebidas es sumamente importante. Los batidos y jugos adquieren una apariencia divertida con coloridos revolvedores y pajillas. Para servir cócteles y ponches, me gusta combinar diferentes tipos de vasos en lugar de copas. Los vasos tienen más estabilidad y así se derrama menos bebida. Agrega coloridas servilletas de cóctel y algunos aperitivos para combinar con los tragos, como *chips* de plátano, aceitunas rellenas y canchita (granos de maíz tostado; ver pág. 111) y estarás ya lista para desconectarte y ponerte bien cómoda a conversar con los amigos.

batido de banana, jengibre y lima

RINDE 4 PORCIONES

1 pedazo de jengibre fresco de 1 pulgada de largo, pelado y picado

¼ de tz. de hojas de menta picadas finamente

¾ de tz. de jugo de lima (extraído de unas 6 limas)

2 tz. de jugo de naranja fresco (extraído de unas 8 naranjas grandes)

2 bananas cortadas en trozos

1 tz. de cubos de hielo

Azúcar a gusto

Cuñas de lima o de naranja para decorar

Evita que se atasque la licuadora añadiendo primero los ingredientes líquidos y luego los más pesados. Esto evita que la fruta o el helado bloqueen las cuchillas. Para convertir esta receta en un sustancioso desayuno, agrega un poco de yogur natural con o sin sabor.

1 En una cacerola pequeña, pon a hervir una taza de agua, el jengibre y las hojas de menta. Apaga el fuego, tapa el recipiente y deja el jengibre y la menta a baño de infusión durante unos 5 minutos. Descarta los pedazos de jengibre y las hojas de menta y deja el agua de menta y jengibre llegar a temperatura ambiente. (El agua de jengibre-menta se puede preparar con un día o dos de anticipación y guardar en el refrigerador.)

2 Combina en la licuadora el jugo de lima, el jugo de naranja y el agua de jengibre-menta. Enciende la licuadora y con el motor encendido incorpora los pedazos de banana. Una vez incorporada la banana, prosigue con el hielo, algo de azúcar y mezcla hasta que los ingredientes se combinen bien. Sirve inmediatamente adornado con una rodaja de lima o de naranja.

batido de menta y melocotón

RINDE 4 PORCIONES

½ tz. de hojas de menta fresca, más unas ramitas extra para decorar

3 tz. de melocotones (duraznos) picados (aproximadamente 5 melocotones) más algunas rodajas extra para decorar

1 tz. de helado de vainilla

1 tz. de cubos de hielo

El melocotón (durazno) y la menta forman una pareja refrescante. Me gusta incluir en mi batido la textura y la riqueza del helado, y los trocitos de cáscara de melocotón (además de que me cuesta trabajo pelar los melocotones), pero si prefieres un batido de textura suave, cuela la mezcla por un colador de malla fina antes de servir.

1 Pon a hervir una taza de agua en una cacerola pequeña con las hojas de menta. Apaga el fuego, tapa el recipiente y deja las hojas de menta a baño de infusión durante 5 minutos. Retira las hojas de menta y deja aparte. Deja que el agua de menta tome temperatura ambiente.

2 Echa las hojas y el agua de menta, los trozos de melocotón, el helado y el hielo en la licuadora y bate hasta que la mezcla quede suave. Sirve inmediatamente en vasos previamente enfriados y decora con rodajas de melocotón y una ramita de menta.

consejito delicioso: Prepara una doble cantidad del agua de menta y remoja en ella toallitas de baño. Exprímelas y pon a enfriar en el refrigerador. Cuando lleguen tus invitados, ofréceles una toalla con olor a menta para refrescarse el rostro, el cuello y las manos.

mojitos de guanábana

RINDE 4 PORCIONES

12 hojas de menta fresca

2 cdtas. de azúcar

1 lima, en cuartos

Cubos de hielo

2 cdas. de néctar de guanábana

½ tz. de ron blanco

½ tz. de agua con gas

Trocitos alargados de caña de azúcar para servir (opcional)

El mojito es *la* bebida de Miami y me gusta experimentar con diferentes sabores. Si no encuentras en el mercado el néctar de guanábana, sustitúyelo por néctar de mango, de albaricoque, o —mi segundo favorito— de lichi. Aplasta a mano las hojas de menta con el azúcar y la lima. Este proceso permite que la menta y la lima desprendan sus aceites esenciales y le da al mojito su sello refrescante.

1 Divide la menta, el azúcar y los trozos de lima en 4 vasos altos. Con la parte gruesa de la mano de un mortero o el extremo de una cuchara de madera, aplasta la menta, el azúcar y la lima.

2 Agrega cubos de hielo, néctar de fruta, ron blanco y agua con gas. Revuelve con un trocito largo de caña de azúcar (si lo usas) y sirve.

pisco sour clásico

RINDE 4 PORCIONES

½ tz. de Pisco u otro tipo de coñac

¼ de tz. de jugo de lima (de unas 2 limas)

1 cda. de almíbar simple (consulta el Consejito delicioso)

1 clara de huevo (opcional)

2 gotas de amargo de Angostura

Cubos de hielo para servir

El Pisco, un coñac incoloro hecho de uva, es la bebida más popular de Bolivia, Chile y Perú. Mi abuelo materno era de Bolivia y he pasado allí mucho tiempo visitando la familia (¡y tomando muchos Pisco Sours!). La clara de huevo le da a la bebida su característica textura espumosa, pero omítela si no te gusta consumir huevo crudo.

Echa en la licuadora el Pisco, el jugo de lima, el almíbar, la clara de huevo (si la usas) y las gotas de Angostura. Bate hasta que la mezcla quede espumosa. Sirve con hielo.

consejito delicioso: Para preparar el almíbar simple, lleva ½ taza de agua a un hervor suave en una cacerola pequeña a fuego mediano-alto. Agrega ½ taza de azúcar, revuelve para que se disuelva y apaga el fuego. Refrigera hasta que se enfríe. El almíbar simple se conserva en el refrigerador durante semanas. Usa esta azúcar líquida en cócteles, con té helado, limonadas y hasta con crema batida.

jugo de sandía

RINDE 6 PORCIONES

½ sandía sin semilla
(6 a 7 lbs.), sin la corteza,
cortada primero por la mitad,
luego en rodajas y luego en
cubos de 1 pulgada

16 cubitos de hielo

1 litro de soda con sabor
a limón, fría

Azúcar

A veces las mejores cosas en la vida son las más sencillas. Sandía, hielo y soda con sabor a limón es todo lo que necesitas para volver a la vida en un día caluroso y húmedo. Con sólo mirar un vaso lleno de jugo rosado de sandía me siento renovada. Si deseas un cóctel con aire festivo, sustituye la soda con sabor a limón por tu vino espumante favorito.

Echa la mitad de los pedazos de sandía y 8 cubos de hielo en la licuadora y mezcla hasta reducirlos a líquido (una vez que añadas la soda de limón se aguará todavía más; siempre puedes añadir más cubitos de hielo si lo quieres con más cuerpo). Lentamente añade la mitad de la soda de limón y mezcla. Vierte en los vasos de servir. Repite con el resto de la sandía, los cubitos de hielo restantes y la otra mitad de la soda. Añade azúcar a gusto, vierte en los vasos y sirve.

consejito delicioso: Esta es la forma más fácil de cortar la sandía: Retira el borde superior y el fondo de la sandía para que se quede parada. Entonces corta la cáscara y te quedarás con un cubo gigante de sandía. Pícalo en pequeños trozos o rebanadas. Rocíalo con un poco de jugo de lima para darle un toque cítrico.

½ tz. de cascos de guayaba

¼ de tz. de vodka

¼ de tz. de vino espumante (consulta el Consejito delicioso)

2 tz. de sorbete de limón

Ramitas de menta fresca para decorar

consejito delicioso: El vino cava español, el *prosecco* italiano o un vino espumante doméstico son alternativas económicas y deliciosas al costoso champán francés.

¼ de tz. de sal *kosher*

3 cdas. de chile en polvo

4 limas, en cuartos

Cubitos de hielo

4 botellas de cerveza de 12 oz.

Salsa de Tabasco

Salsa inglesa

cóctel de champán y guayaba
RINDE 4 PORCIONES

Venecia, una de mis ciudades preferidas en el mundo entero, es también la cuna de uno de mis cócteles favoritos, el burbujeante Sgroppino. Refrescante y dulce, se prepara con champán, sorbete de limón, vodka y menta. Mi versión lleva cascos de guayaba que le dan un precioso color magenta. Si no encuentras los cascos de guayaba, usa en su lugar lichis enlatados y escurridos o mangos frescos.

Echa en la licuadora los cascos de guayaba, la vodka, el vino espumante y el sorbete de limón y reduce a puré. Divide la mezcla en vasos de champán y sirve decorado con una ramita de menta.

michelada marías
RINDE 4 PORCIONES

Aquí tienes la cura de hasta la peor de las borracheras y créeme, funciona. Por lo general se prepara mitad soda y mitad cerveza pero a mí me gusta al estilo mexicano, con cerveza, lima y chile en polvo. En México se sirve con trocitos de rábano y jícama como acompañante. Es una divertida alternativa a los Bloody Marys del desayuno-almuerzo del domingo.

1 Combina la sal y el chile en polvo en un tazón pequeño y transfiere la mezcla a un plato llano. Frota una rueda de lima alrededor del borde de cada jarra de cerveza (necesitas 4). Coloca cada jarra boca abajo sobre la mezcla de sal y chile para cubrir bien el borde.

2 Exprime 4 cuartos de lima en cada jarra. Añade un par de los cuartos exprimidos dentro de la jarra y llena con hielo. Agrega 1 botella de cerveza, un chorrito de salsa Tabasco, otro de salsa inglesa y sirve inmediatamente.

margaritas de jalapeño y guayaba

RINDE 4 PORCIONES

3 jalapeños

½ tz. más 2 cdas. de tequila

½ tz. más 2 cdas. de jugo de lima (extraído de unas 5 limas) más cuñas o ruedas extras de lima para decorar el borde de los vasos

¼ de tz. de Cointreau o de Grand Marnier

3 cdas. de jugo de guayaba

Sal gruesa o sal para margaritas (opcional)

Picantes y dulzonas, estas margaritas realmente me hacen la boca agua. Para servirla como margarita congelada, pasa la mezcla por la licuadora con un poco de hielo y usa copas más grandes para margarita en lugar de las de martini. El azúcar de textura fina o más gruesa es una sabrosa alternativa al tradicional borde salado. Ten en cuenta que los jalapeños deben remojarse en el tequila de un día para otro.

1 Pon dos jalapeños enteros y el tequila en un tazón pequeño. Cubre con papel plástico de envolver y deja aparte durante 1 día.

2 Vierte el tequila en una jarra o en una ponchera grande y agrega el jugo de lima, el Cointreau y el jugo de guayaba. Revuelve para combinar todo bien y deja enfriar en el refrigerador.

3 Si quieres que tu margarita tenga un borde salado, echa la sal en un plato llano. Frota una cuña de lima alrededor del borde de cada copa, voltéala boca abajo sobre la sal y hazla girar sobre ella para que se adhiera al borde.

4 Corta el jalapeño restante en rodajas finas. Sirve la margarita en una copa de martini con trocitos de jalapeño flotando en ella, o corta un pedacito de la rodaja de jalapeño y cuélgala del borde.

consejito delicioso: Nada como servir una copa helada en un día (o noche) de mucho calor. Llena cada copa con agua helada y deja reposar un par de minutos hasta que se enfríen. Descarta el agua con hielo y coloca las copas en el congelador hasta que se nublen. Este truco funciona también con las jarras de cerveza.

mojitos gigantes de kiwi

RINDE 4 PORCIONES

1 tz. colmada de hojas de
menta fresca

2 kiwis pelados y picados en
trozos

4 cdas. de azúcar

Cubos de hielo

½ tz. de jugo de lima (extraído
de unas 4 limas)

¼ de tz. de ron blanco

1 litro de agua con gas, fría

Barritas de azúcar para servir
(opcional)

**El sabroso sabor del kiwi, más su color verde, hacen resaltar
estos mojitos. Sírvelos en vasos altos decorados con un revol-
vedor de azúcar o una pajilla de diseño divertido.**

1 Divide las hojas de menta, los kiwis y el azúcar en 4 vasos altos.
Con la mano de un mortero o el extremo de una cucharada de
madera aplasta las hojas de menta, los kiwis y el azúcar.

2 Añade hielo y luego incorpora el jugo de lima, el ron blanco y el
agua con gas. Revuelve con una barrita de azúcar (si la usas) o
una pajilla y sirve.

ponche tequila sunrise

RINDE 4 A 6 PORCIONES

½ tz. de tequila dorado o
plateado

1 lt. de aqua con gas con
sabor a limón, fría

2 limas, en cuartos

1 naranja pequeña sin pelar,
cortada en trozos de
1 pulgada

½ toronja sin pelar, cortada
en trozos de 1 pulgada

Cubos de hielo

**Este ponche típico al estilo mexicano es muy parecido a la
sangría española. No lleva mucha fruta y a los chicos les
encanta. Reserva tu tequila añejado marca Patrón para beber
a sorbos y usa para este ponche un tequila dorado o plateado
de precio moderado.**

1 Vierte el tequila y la soda en una jarra. Agrega las limas, la
naranja y la toronja y deja aparte durante unos 10 minutos.

2 Agrega suficiente hielo como para que el nivel del ponche
llegue hasta el borde de la jarra. Sirve en vasos enfriados en el
refrigerador, distribuyendo entre ellos los trozos de fruta.

ponche chica atrevida

RINDE 12 A 14 PORCIONES

2 tz. de coñac

1 tz. de azúcar

1 lb. de fresas, limpias, sin hojas y picadas en cuartos

1 botella de champán o vino espumante frío

1 botella de vino blanco frío

1 litro de agua con gas o seltzer frío

A la hora de animar una fiesta, este ponche nunca falla. Eso sí, ten cuidado. Se bebe con la facilidad de un jugo de fruta, pero si tomas demasiado se te sube a la cabeza. Deja que las fresas se remojen en el coñac durante toda la noche. Si no tienes ganas de lavar, limpiar y cortar las fresas frescas, cómpralas congeladas ya que se adaptan bien a esta receta.

1 En un tazón grande mezcla el coñac y el azúcar. Vierte la mezcla en una bolsa plástica con cierre hermético, agrega las fresas y déjalas macerar en el refrigerador durante toda una noche.

2 Cuando estés lista para servir, transfiere las fresas y el líquido a una ponchera grande. Agrega el champán, el vino y el agua con gas. Cuando sirvas el ponche, echa en cada vaso unas cuantas fresas maceradas.

un final feliz

Cuando se trata de dar una fiesta fabulosa y memorable, un buen final es fundamental. Me gusta que mis amigos se vayan de casa completamente felices y satisfechos, ya sea la ocasión una fiesta por todo lo alto, una reunión para jugar canasta o una noche con las amigas para conversar. En cualquier celebración, se impone servir un postre fabuloso.

Para una chica como yo, que no soy muy dulcera, esto a veces no resulta fácil. Prefiero los platos salados a los dulces y me gusta más cocinar que hornear. Pero no me malinterpretes, me dejo llevar por mis antojos de algo dulce como todas.

Mi dilema es éste: aunque me rindo a la tentación de preparar y a veces comer postre, no quiero dedicarles mucho tiempo de preparación. Así que cuando tengo que hacer el postre, busco ingredientes que me den los mejores resultados con el menor esfuerzo. Mi arsenal de postres está lleno de artillería pesada como dulce de leche (el mejor amigo de una chica), masa de hojaldre congelada, pasta de guayaba enlatada, frutas, nueces, sorbetes y helados. Estos son los protagonistas en mi repertorio de postres. Con ellos puedo preparar lo mismo una *Mousse* de maracuyá (ver pág. 241), que los Churros de masa de hojaldre (ver pág. 237) —suculentos postres caseros que todavía me dejan tiempo para dar un paseo tranquilo con mi perrito Yorkie, Salsita, antes de la fiesta. ¡Qué triunfo tan dulce!

alfajores (emparedados de galletitas y dulce de leche)

RINDE 16 A 18 GALLETAS

2 tz. de harina común, cernida, más cantidad extra para enrollar la masa

¼ de tz. de azúcar glasé, cernida, más cantidad extra para espolvorear

½ cdta. de sal

1 tz. (2 barras) de mantequilla sin sal cortada en trozos pequeños y suavizada

1 tz. de dulce de leche a temperatura ambiente

¼ de cdta. de canela molida

⅛ de cdta. de clavos de olor molidos

Una pizca de nuez moscada

La mamá de mi padre, Tita, preparaba galletas deliciosas y éstas me recuerdan a la abuela. Para una presentación bonita, coloca dos o tres galletas, una encima de la otra en un plato de postre. Toma un pedazo de papel y recorta la forma de un corazón o una flor y coloca el esténcil junto a las galletitas. Espolvorea azúcar glasé sobre el diseño, retira el papel y tendrás un efecto visual muy atractivo. Recuerda: ¡comemos con los ojos!

1 Precalienta el horno a 350°F. Forra una plancha de hornear con papel pergamino y deja aparte.

2 Vierte la harina, el azúcar, la sal y la mantequilla en un tazón mediano y mezcla los ingredientes con los dedos o con un mezclador de masa pastelera. Si la masa queda muy pegajosa, agrega un poco más de harina para que la puedas moldear en forma de disco. Envuelve el disco de masa en papel plástico de envolver y refrigera de 10 a 20 minutos.

3 Espolvorea un poco de harina sobre la superficie de trabajo y extiende la masa hasta que tenga ½ pulgada de grosor. Utiliza un cortador de galletas de 2½ pulgadas para recortar las galletas. Con una espátula delgada, transfiere los círculos de masa a la plancha para horno. Reúne los pedazos restantes de masa y suavemente forma una pelota. Enharina la superficie de trabajo y extiende de nuevo la masa a ½ pulgada de grosor. Recorta entonces más galletas.

4 Hornea las galletas hasta que estén doradas y firmes, de 15 a 20 minutos. Retíralas y déjalas enfriar unos 5 minutos antes de transferirlas a una rejilla de metal para que se enfríen completamente.

5 Echa el dulce de leche en un tazón pequeño, agrega la canela, los clavos de olor y la nuez moscada y mezcla. Unta alrededor de 1½ cucharadas del dulce de leche en el lado plano de una galleta y coloca otra por encima para formar un emparedado. Repite hasta usarlas todas. Coloca las galletas sobre una fuente, espolvorea con azúcar glasé y sírvelas.

trufas *brigadeiro* con triple cubierta

1 cda. de mantequilla sin sal a temperatura ambiente

1 lata de 14 oz. de leche condensada

¼ de tz. de extracto de coco

1½ cdas. de cacao en polvo sin endulzar

1½ cdas. de café *espresso* instantáneo en polvo

¼ de tz. de chocolate en virutas (*sprinkles*) para espolvorear

¼ de tz. de hojuelas de coco tostado

¼ de tz. de pistachos o de almendras, picadas finamente

Son tan fáciles que las vas a preparar para toda ocasión ¡y hasta sin motivo! Me gusta revestirlas con tres cubiertas diferentes para darles una presentación impresionante. Usa estas tres cubiertas o sustitúyelas por tus favoritas.

1 Engrasa un plato llano grande o una plancha para horno con la mitad de la mantequilla y deja aparte. Mezcla la leche condensada, el extracto de coco y el cacao en polvo en una cacerola pequeña. Cocina a fuego mediano-alto, revolviendo constantemente, hasta que la leche se espese y una cuchara de madera deje un trazo en el fondo del recipiente, de 15 a 20 minutos. Incorpora el café, vierte la mezcla en el plato o plancha engrasada y deja enfriar completamente, alrededor de 45 minutos.

2 Coloca las virutas de chocolate, las hojuelas de coco y las nueces picadas en 3 platos. Engrasa las manos con la mantequilla restante. Toma una cucharada de la mezcla de chocolate y con las manos dale forma de pelota. Repite con el resto de la mezcla hasta formar todas las pelotas. Luego dales vueltas a varias por el plato de virutas de chocolate, otras por el de coco y otras por el de las nueces picadas. Procura que se recubran de forma pareja. Presiona ligeramente con los dedos para que las cubiertas se adhieran a la mezcla de chocolate de base. Coloca los *brigadeiros* en moldes de papel pequeños o sobre una fuente y sirve, o déjalos a temperatura ambiente hasta el momento de servir.

churros con dulce de leche y *fondue* de chocolate a la mexicana

RINDE 4 A 6 PORCIONES

¼ de tz. de azúcar

1 cda. de canela molida

1 hoja de masa de hojaldre descongelada

2 discos de chocolate Ibarra de 2 oz., picado

½ tz. de crema de leche

1 cda. de ron aromatizado con especias

Dulce de leche, caliente

consejito delicioso: Esta es mi forma abreviada de preparar los churros que normalmente llevan un proceso más largo y se fríen en aceite.

Los churros de azúcar y canela son riquísimos en cualquier momento del día: para el desayuno, después de la cena o como merienda tarde en la noche. Como no son muy dulces son perfectos para personas como yo que no somos tan amantes de los postres. Resultan deliciosos por sí solos, y más aún si se acompañan con dulce de leche y salsa de chocolate para mojar. Sirve las salsas en vasitos pequeños individuales para que cada invitado tenga su propia porción.

1 Precalienta el horno a 375° F. Cubre una plancha para horno con papel pergamino y deja aparte. Mezcla el azúcar con la canela en un recipiente pequeño y deja aparte.

2 Espolvorea un poco de azúcar con canela sobre la superficie de trabajo y coloca la masa de hojaldre en una sola capa por encima. Pasa una brochita de cocina con agua sobre la masa y espolvorea generosamente con azúcar con canela. Voltea la masa y repite por el otro lado. Corta la masa en tiras de ½ a ¾ de pulgada. Pásalas a la plancha preparada, enroscando los extremos de cada tira (formando como un sacacorchos). Hornea hasta que se esponjen y adquieran un tono dorado, alrededor de 20 minutos y deja aparte para que se enfríen completamente.

3 Mientras tanto, prepara la salsa de chocolate. Coloca el chocolate en un recipiente pequeño resistente al calor. Hierve la crema a fuego bajo en una cacerola pequeña. Vierte la crema sobre el chocolate, cubre el recipiente con envoltorio plástico y deja asentar durante 5 minutos. Revuelve para mezclar bien, y entonces añade el ron. Sirve inmediatamente o tápala para mantenerla caliente (o recalienta en el microondas, revolviendo cada 10 segundos si la preparas con anticipación).

4 Sirve los churros con un vasito de dulce de leche y otro de chocolate caliente a la mexicana para mojar.

arroz con leche

RINDE 4 A 6 PORCIONES

1 tz. de arroz blanco de grano largo

2 barritas de canela

1 cda. de ralladura de limón

3 clavos de olor enteros

1 huevo

3 tz. de leche entera

1 cda. de extracto de vainilla

1 lata de 12 oz. de leche condensada

½ tz. de pasas (opcional)

Casi todos los países de América Latina, al igual que España, India y Suecia, tienen su propia versión del arroz con leche. Vale la pena considerar algunos de los ingredientes que se le pueden añadir para enriquecerlo: pasas blancas o de Corinto, ralladura de limón o de naranja, canela, nuez moscada, azafrán, almendras, pistachos, leche de coco y hasta jengibre. Me gusta preparar el mío con ralladura de limón, clavos de olor y un toque de vainilla.

1 Pon a remojar el arroz, las barritas de canela, la ralladura de limón y los clavos de olor en una cacerola con 4 tazas de agua durante 1 hora.

2 Pasada la hora, deja que la mezcla de arroz llegue a hervir a fuego alto, sin tapar el recipiente. Cuando rompa a hervir (en unos 5 minutos), reduce el fuego a mediano y deja cocer de 10 a 12 minutos más o hasta que el agua se haya evaporado casi por completo.

3 Mientras se cocina el arroz, bate el huevo en un tazón. Agrega la leche y mezcla bien. Añade la mezcla de huevo, la vainilla y la leche condensada al arroz y deja cocer a fuego mediano-bajo, revolviendo con cuidado, hasta que se espese ligeramente o hasta que alcance la consistencia deseada, de 25 a 35 minutos. Deja enfriar destapado.

consejito delicioso: Ten en cuenta que el arroz con leche se espesa a medida que se enfría, pero el producto terminado será menos espeso que el arroz con leche tradicional.

bananas con caramelo de naranja y ron

RINDE 4 A 8 PORCIONES

5 cdas. de mantequilla sin sal, suavizada

4 bananas, peladas, cortadas por la mitad a lo largo y entonces cortadas por la mitad a lo ancho

⅓ de tz. de azúcar

1 tz. de jugo de naranja (preferiblemente fresco, extraído de 2 naranjas)

¼ de tz. de ron blanco

2 naranjas, peladas y con los segmentos separados, para servir

2 pintas de helado de vainilla para servir

Nueva Orleans tiene un monopolio de postres fabulosos a base de banana. Éste es similar al famoso *Bananas Foster*, pero se hornea en lugar de saltearse. Es dulce, tibio, pegajoso, con un toque de alcohol y debe servirse solamente entre amigos muy íntimos a quienes no les importe verte comer con glotonería.

1 Precalienta el horno a 425° F. Engrasa un molde de hornear de 9 x 13 pulgadas con 1 cucharada de mantequilla y coloca dentro las bananas, con la parte cortada hacia abajo.

2 Pon el azúcar y 1 cucharada de agua (debes solamente humedecer el azúcar) en una cacerola pequeña a fuego mediano. Deja cocer la mezcla, revolviendo a medida que se derrite el azúcar, hasta que tome un color ámbar oscuro, alrededor de 5 minutos. Cuidadosamente agrega el jugo de naranja, que va a chisporrotear, así que procura no quemarte. Reduce el calor a nivel bajo, agrega las 4 cucharadas de mantequilla restantes y el ron, revolviendo para incorporar y entonces vierte el caramelo sobre las bananas.

3 Hornea las bananas durante 15 minutos, untándolas con la salsa de caramelo (con una brochita de cocina) cada 5 minutos. Sírvelas en recipientes no muy hondos, con salsa de caramelo por encima, varios segmentos de naranja y una bola de helado de vainilla.

ensalada de frutas (salpicón)

RINDE 8 A 10 PORCIONES

PARA EL ALMÍBAR DE CEREZA

1 tz. de azúcar

1 tz. de jugo de cereza natural

PARA EL SALPICÓN

1 tz. de bolitas (o trozos) de papaya

1 tz. de piña picada finamente

1 tz. de bolitas de sandía

1 tz. de bolitas de melón dulce

1 tz. de mango picado finamente (ver pág. 50)

1 tz. de bolitas de manzana

1 tz. de uvas verdes o moradas

1 tz. de segmentos de naranja

2 litros de agua con gas fría

¿Quién puede sentirse culpable al disfrutar un postre cuando se trata de una saludable ensalada de frutas? El salpicón es la mejor ensalada de frutas que puedes imaginarte, aderezada con soda de naranja o de cereza y servida en un vaso alto. Puedes usar cualquier tipo de fruta en este plato; mientras tengas unas 8 tazas en total, ¡cualquier fruta vale! Si no tienes un cucharón especial para cortar la sandía, pícala en trocitos con un cuchillo. Me gusta preparar mi propia soda de cereza para hacer el salpicón, pero si lo prefieres puedes sustituir 2 litros de soda de cereza natural por 5½ latas de 12 onzas.

1 Para preparar el almíbar, pon a hervir el jugo de cereza y el azúcar en una cacerola pequeña, revolviendo con frecuencia para disolver el azúcar. Transfiere a una taza de medir resistente al calor, cubre la taza con envoltorio plástico y refrigera hasta que se enfríe.

2 Para preparar el salpicón, mezcla bien los pedazos de fruta en un tazón grande. Rellena vasos altos con ¾ y hasta 1 taza de fruta y agrega un poco del almíbar de cereza. Completa con agua con gas y sirve con una pajilla y una cuchara.

mousse de maracuyá

RINDE 10 PORCIONES

2 tz. de pulpa congelada de maracuyá, descongelada

4 tz. de crema de leche

1 lata de 14 oz. de leche condensada endulzada

Ramitas de menta para servir

Biscotti o galletas dulces para servir

Esta *mousse* es de Tutto Pasta, mi restaurante favorito en Miami. Juca, el dueño del local, es brasileño y tuvo la gentileza de compartir la receta conmigo. Me gusta servir la *mousse* en copas de martini, de champán o en vasos altos de estilo antiguo para helados y *parfaits*. Y es que aunque fácil de preparar, tus invitados agradecerán una presentación con mucho estilo. Puedes sustituir el maracuyá por otro tipo de fruta reducida a puré. Dos de mis alternativas favoritas son las fresas y las frambuesas congeladas.

1 Echa una cucharada de la pulpa de maracuyá en el fondo de 10 copas de martini (o el tipo de vaso o copa que uses para servir). Para este propósito vas a utilizar una ½ taza del total de la pulpa de maracuyá. Deja los vasos aparte.

2 Con una mezcladora eléctrica, bate la crema hasta que se espese y forme picos. Mezcla 1¼ tazas de la pulpa de maracuyá restante y la leche condensada en un tazón grande, agrega una cuarta parte de la crema batida y revuelve bien. Agrega el resto de la crema batida y llena los vasos con la *mousse*. Vierte por encima el resto de la pulpa de fruta. Sirve inmediatamente o cubre con papel plástico de envolver y refrigera hasta unas 8 horas. Sirve frío decorado con una ramita de menta y acompañado por *biscotti* o galletas.

torta de empanada de guayaba, queso oaxaca y dulce de leche

RINDE 8 PORCIONES

½ cda. de mantequilla sin sal a temperatura ambiente o aceite para cocinar en aerosol

Harina común para enharinar la superficie de trabajo

1 paquete de 17.3 oz. de hojas de masa de hojaldre descongelada

¼ de tz. de dulce de leche a temperatura ambiente

4 oz. de pasta de guayaba, cortada en rodajas finas

1 tz. de queso Oaxaca o queso *mozzarella*

1 clara de huevo grande, ligeramente batida

Azúcar turbinado para espolvorear

Azúcar glasé para decorar

consejito delicioso:
Puedes preparar el postre con unas cuantas horas de anticipación y hornearlo cuando los invitados se sienten a la mesa. Sírvelo cuando esté todavía caliente y el queso se derrita.

Este postre es una especie de empanada gigante hecha con masa de hojaldre. Se rellena con dulce de leche, pasta de guayaba y queso Oaxaca. ¡Qué rico! Aunque a algunos les parezca raro un postre a base de queso, una vez que pruebes el queso en combinación con la pasta de guayaba y el dulce de leche vas a entender por qué es una de las combinaciones clásicas de la cocina latina.

1 Precalienta el horno a 350°F. Cubre una plancha para horno con papel pergamino y engrasa el mismo con la mantequilla o atomiza con el aceite en aerosol.

2 Espolvorea harina sobre la superficie de trabajo. Coloca una hoja de masa de hojaldre sobre ella y con el rodillo de cocina aplástala hasta que tenga un grosor de ⅛ de pulgada. Forma con la hoja un cuadrado de 9½ a 10 pulgadas de lado. Coloca un molde redondo para horno de 9 pulgadas o un plato llano volteado sobre la masa y corta por alrededor para obtener un círculo. Transfiere la masa a la plancha para horno forrada (guarda los recortes de masa para decorar la parte superior de la empanada o descártalos). Repite los mismos pasos con una segunda hoja de masa de hojaldre. Después de aplastarla con el rodillo, transfiérela a una segunda plancha forrada con papel pergamino o un plato llano y refrigera si tu cocina está muy caliente.

3 Unta el primer disco de masa de hojaldre con el dulce de leche, dejando un borde de ½ a 1 pulgada por todo el rededor. Distribuye las rebanadas de guayaba sobre el dulce de leche y espolvorea con el queso. Con una brocha de cocina, unta los bordes de la pasta con la clara de huevo batida.

4 Coloca el segundo disco de masa de hojaldre sobre el queso rallado, presiona los bordes juntos y entonces presiona los dientes de un tenedor por todo el borde para decorarlo. Con la brocha de cocina unta la masa de hojaldre con la clara de huevo y espolvorea con azúcar (decora la cubierta con los restos de masa que quedaron al recortar los discos, distribuyéndolos a gusto). Hornea hasta que se dore, alrededor de 30 minutos. Deja enfriar unos 10 minutos, espolvorea con azúcar glasé y sirve inmediatamente.

affogato latino

RINDE 4 PORCIONES

1 pinta de helado de vainilla

½ tz. de licor de dulce de leche o licor de café

4 tacitas de café *espresso*

Para lograr un verdadero sabor latino, prepara esta receta con licor de dulce de leche. Si no lo encuentras en tu licorería local, sustitúyelo por whisky de crema irlandesa. Prepara el café con una cafetera para *espresso* o usa café *espresso* instantáneo. O mejor todavía, compra el café en tu cafetería favorita y caliéntalo justo antes de servir.

1 Pon a enfriar en el congelador cuatro vasos medianos resistentes al calor.

2 Vierte ½ taza de helado en cada vaso enfriado y echa 2 cucharadas de licor por encima. Vierte el café *espresso* caliente sobre el helado y sirve inmediatamente.

flan de *cheesecake*

RINDE 10 A 12 PORCIONES

2 tz. de azúcar

12 oz. de queso crema a temperatura ambiente

3 huevos grandes a temperatura ambiente

1 lata de 14 oz. de leche condensada endulzada

1 lata de 12 oz. de leche evaporada

1½ tz. de leche entera a temperatura ambiente

1 cda. de extracto de vainilla

A la mayoría de la gente le gusta el *cheesecake*. A la mayoría de la gente le gusta el flan. Une los dos y tendrás un postre que les encantará a todos. Las hermanas Dascal, mis mejores amigas en Miami, tenían una nana llamada Tata que les hacía un fantástico flan de *cheesecake* con una textura tan suave como la seda. Durante 18 años le rogué a Tata que me diera la receta ¡y al final cedió! Cuando lo pruebes, vas a darme las gracias por mi persistencia. No te alarmes si ves que la mezcla tiene una consistencia poco espesa, así es como debe quedar. Limpia el caramelo que haya quedado adherido a las paredes del ramequín rellenándolo con agua hirviendo. El caramelo desaparece como por arte de magia.

1 Pon el azúcar y ¼ de taza de agua en una cacerola mediana a fuego mediano-alto. Revuelve el azúcar de vez en cuando hasta que se disuelva, teniendo cuidado de que los granos no se queden pegados a los lados de la cacerola. Da la vuelta a la cacerola cada minuto hasta que el azúcar tome un color café dorado rojizo. Distribuye el caramelo entre 10 o 12 ramequines de 3½ pulgadas de diámetro y deja aparte.

2 Precalienta el horno a 325°F.

3 Con una licuadora de mano eléctrica bate el queso crema junto con los huevos a velocidad baja para combinarlos. Aumenta la velocidad a mediano-alto y bate hasta que se mezclen bien. Agrega la leche condensada, la leche evaporada, la leche entera y la vainilla y sigue batiendo hasta que todos los ingredientes se incorporen bien, raspando los lados del recipiente en caso necesario, durante 2 a 3 minutos.

(la receta continúa)

4 Vierte la mezcla sobre el caramelo en los ramequines, llenándolos hasta ½ pulgada del borde. Coloca una toalla de cocina en el fondo de un molde para horno profundo o de un molde para asar para evitar que los ramequines se corran. Coloca los ramequines en dos filas sobre la toalla. Pon el molde en el horno y vierte suficiente agua caliente como para que llegue a la mitad de las paredes de los ramequines (realiza esta operación cuidadosamente, para que no caiga agua dentro de los moldecitos). Cubre el molde con papel aluminio y hornea hasta que el flan se asiente, aproximadamente 30 minutos (cuando le das un golpecito al borde del ramequín el flan debe estremecerse un poco en el centro).

5 Retira cuidadosamente el molde del horno, elimina el papel aluminio y deja que los ramequines se enfríen ligeramente. Saca los ramequines del agua usando pinzas de cocina y colócalos sobre una toalla para que se enfríen, por lo menos 2 horas antes de servir. Una vez que se enfríen completamente, los flanes se pueden refrigerar hasta por 3 días antes de desmoldarlos y servirlos. En el momento de servir, pasa un cuchillo delgado por el lado interno del ramequín para desprender el flan, invierte el molde y deja que caiga suavemente sobre un plato.

café cortadito granita

RINDE 4 PORCIONES

1¼ tz. de café espresso fuerte

½ tz. de leche condensada endulzada

3 cdas. de licor de café o de whisky

Si eres amante del café tailandés te va a encantar esta receta. Resulta fantásticamente simple —mucho más fácil que otros postres congelados. Para que los granos de café se conserven frescos, guárdalos en el congelador dentro de una bolsa sellada y muélelos en tandas pequeñas.

1 Une el *espresso*, la leche condensada y el licor de café en un recipiente pequeño hasta que el azúcar se disuelva.

2 Transfiere la mezcla a un molde de hornear cuadrado de 8 pulgadas de lado y congélalo hasta que la mezcla tenga la consistencia de aguanieve, alrededor de 20 minutos (no dejes que se congele del todo). Retira la granita del congelador y ráspala con un tenedor, especialmente en las esquinas del molde, separándola en un granulado semicongelado. Pon de nuevo en el congelador y repite el proceso de raspado cada 20 ó 30 minutos, hasta que se congele en granos gruesos y firmes. Sirve en pequeños tazones o tazas de café.

paletas de coquito

RINDE 9 PALETAS

1 lata de 13.5 oz. de leche de coco

1 lata de 12 oz. de leche evaporada

½ tz. más 2 cdas. de leche condensada endulzada

½ cdta. de sal

1 yema de huevo

⅛ de cdta. de canela molida

½ cdta. de extracto de vainilla

¾ de tz. de ron blanco

En cuestión de postres, las paletas congeladas son la alternativa perfecta para los que no hornean. Tientan a la niña que hay en mí, y a mis amigos les encantan porque les inyecto vida con ingredientes divertidos como ron y tequila. Esta receta tiene como base la versión puertorriqueña del *eggnog*, llamada coquito. Como vivo en un clima cálido, puedo servir las paletas como postre incluso en el invierno. Si no tienes esa suerte, sírvelas como aperitivo en una fiesta de "Navidad en el mes de julio". Ten en cuenta que la receta lleva una yema de huevo cruda. Así que si te preocupa ingerir huevos crudos, sustitúyela por 2 cucharadas de coquito preparado.

1 Coloca todos los ingredientes en la licuadora y bate para que se combinen bien.

2 Vierte la mezcla en un molde para paletas, cubre e inserta los palitos. Coloca en el congelador hasta que se endurezcan.

consejito delicioso: Si no tienes un molde para paletas, usa entonces vasitos desechables de cartón de 5 onzas. Vierte en ellos la mezcla y cúbrelos con papel aluminio. Inserta un palito en cada taza o vaso, colócalos en un molde de hornear y congela hasta que estén firmes. Retira el papel, despega el vaso de cartón y a disfrutar la paleta.

½ tz. de tequila

6 paletas congeladas de lima, como las de la marca FrozFruit

Sal para margaritas o sal *kosher*

paletas de margarita congeladas

RINDE 6 PALETAS

Vierte el tequila en un vaso alto y estrecho. Quita la cubierta de papel de las paletas y sumérgelas una a una en el vaso con tequila, inclinando el vaso para que el tequila humedezca completamente las paletas. Espolvorea los lados de las paletas con sal, distribúyelas sobre un plato y sirve inmediatamente.

½ tz. de ron (o jugo de piña)

6 paletas congeladas de coco, como las FrozFruit

1 tz. de azúcar turbinado

Hojuelas de coco tostado

paletas de piña colada congeladas

RINDE 6 PALETAS

Para preparar paletas de piña colada virgen, sustituye el ron por jugo de piña.

Vierte el ron en un vaso alto y delgado. Quita la cubierta de papel de las paletas y sumérgelas una a una en el vaso con ron, inclinándolo para que las paletas se impregnen bien. Espolvorea las paletas con azúcar por todos lados, distribúyelas sobre un plato y sírvelas inmediatamente.

agradecimientos

Les doy las gracias a todos los que han estado a mi lado, profesional y personalmente, a lo largo de todos estos años. Este libro no habría existido si no hubiera sido por todos ustedes.

Mi familia: Mamá, tú eres mi inspiración. Gracias por compartir y enseñarme la alegría de la vida, de la comida, la risa, la familia, los amigos y el trabajo duro. Papá, tú siempre me estimulaste a hacer lo que me gusta, a dar lo mejor de mí, y a guiar con el ejemplo. Johanna, gracias por creer en mí y por ayudarme a empezar. Annelies y mi cuñado Jossy, su apoyo y sus consejos no tienen precio. Tía Marlene Hoffmann, gracias por cultivar mi lado creativo, y a mis guapos y dulces sobrinos Franco, Diego y Joshua, gracias por hacerme sentir tan orgullosa de ustedes. Andrew, tú me apoyas, me ayudas, soportas mi agenda loca y me amas; por todo esto, no puedo agradecerte lo suficiente.

A mis otras mamás: la fallecida Celina León, a quien le encantaba que yo estuviera en su cocina de entregas de comida, incluso cuando le creaba un caos; Tía Magda Martínez, por ser mi segunda mamá; María Gómez, por dejarme halar una banqueta hasta la estufa cuando yo tenía sólo cinco años. A mi fallecido y queridísimo primo/mejor amigo/casi hermano, Sergio Arango —te extraño tanto.

Mis amigos y familia escogida: Jackie, Lizzy, Karla, Fanny, Isabel, Christine, Michelle B., Marielena and Melisa Martínez, Marielena Uzcategui, Lisi, Juana, Michelle, Mijanou, Ruby, Ynoluz, Kenneth, Gregory, Cathy; Jackie Watson, por darme mi primera oportunidad de preparar comida en la televisión y por ser una amiga; y Toni Almeida, por todo el entrenamiento de motivación, tanto de mente como de cuerpo.

Mi familia en Chica Worldwide: Steven Ship, gracias por tu visión, tu guía creativa y de negocios, tus consejos diarios, y tus largas y esforzadas horas en todo lo referente a *Delicioso*. Ian Ross, por apoyarme a mí y a nosotros, y por ponerle combustible al avión —gracias por mantenerte firme y por cumplir tus promesas.

Louis y Roz Silverstein, gracias por todo su cariñoso apoyo. Mis chicas en Chica Worldwide: asistente extraordinaria y amiga Claudia Uribe Crousillat, eres una compañera de primera; Delia León, eres una "mujer maravilla" de la vida real; Diana Holguín y Alexia Maxwell, gracias.

Gracias a mi publicista y leal amiga Rebecca Brooks y a todas las muchachas de Brooks Group: Erica, Amanda y Brianne, ustedes son fantásticas; Eric Bergner, de Moses y Singer, gracias por cuidarme tan bien y ayudarme a entender toda la jerigonza legal; a mi agente extraordinario, David Kuhn, de Kuhn Projects; y a Lisa Shotland y la pandilla —Christy, Maggie y John— en CAA.

Mi equipo editorial: Un agradecimiento muy grande a todo el grupo de Clarkson Potter/Random House, sobre todo a Pam Krauss por su maravillosa visión, contribuciones, conocimiento y por creer en mí desde el principio; a Jane Treuhaft y Elizabeth Van Itallie por su fabuloso diseño; y a mi colaboradora Raquel Pelzel, este libro no existiría sin tu esfuerzo y pasión incesantes. Gracias, Andrew Meade, por tus excelentes fotografías (¡y tu paciencia de santo!); Stephana Bottom, por cuidar de la comida; Barbara Fritz, por los accesorios; David Lutke, Dawn Yanahigara y J. Scott Wilson, por su ayuda.

Mi pandilla de *Delicioso*: Gracias a Luis Balaguer; Francisco Daza, Conchita Oliva y el resto del equipo de Latin World Entertainment; Julia Dangond, mi amiga y productora de televisión, por contribuir a hacer de *Delicioso* una realidad; Marla Acosta, por hacerme lucir bien después de dieciocho horas de trabajo duro; todo el equipo de *BuenHogar*, entre ellos mi editora Nahyr Acosta, Julio Hernández, Ethel Palaci, Sergio Andricaín, Linda Rodríguez, Marinés Duarte y Nilda Gómez; Joanne Lynch, César Conde, Margarita Black y todos en Galavisión; Bob Tuschman, Brooke Johnson y todo el grupo de Food Network; y Kim Yorio, en YC Media. En *Despierta América*, de Univision, muchísimas gracias a Mari García Márquez, Victor Santiago y a todo el equipo por su apoyo.

En buena compañía: Los siguientes fabricantes y compañías han sido muy generosos con su ayuda y apoyo: Calphalon (www.calphalon.com), La Cuisine Gourmet (www.lacuisinegourmet.com), Chelsea Wine Vault, Marielena Ibáñez de El Latino Foods, Mac Cosmetics, Etro, Bowery Kitchen, Visiona Kalustyan, Casa Blanca Fish Market y Milam's Market.

índice

adios